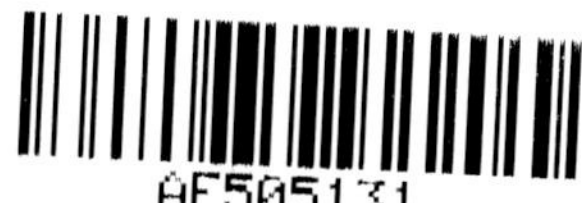
AF505131

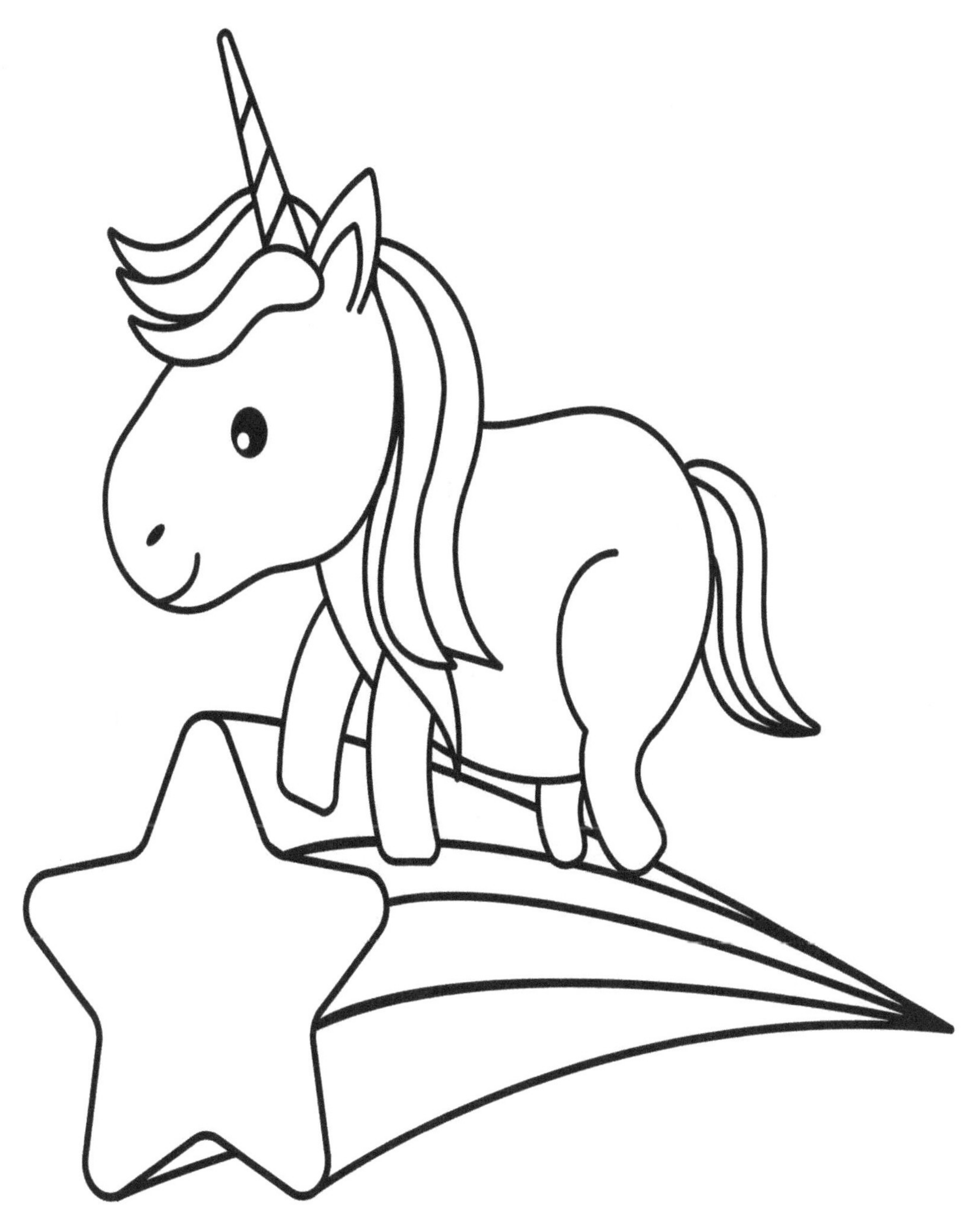

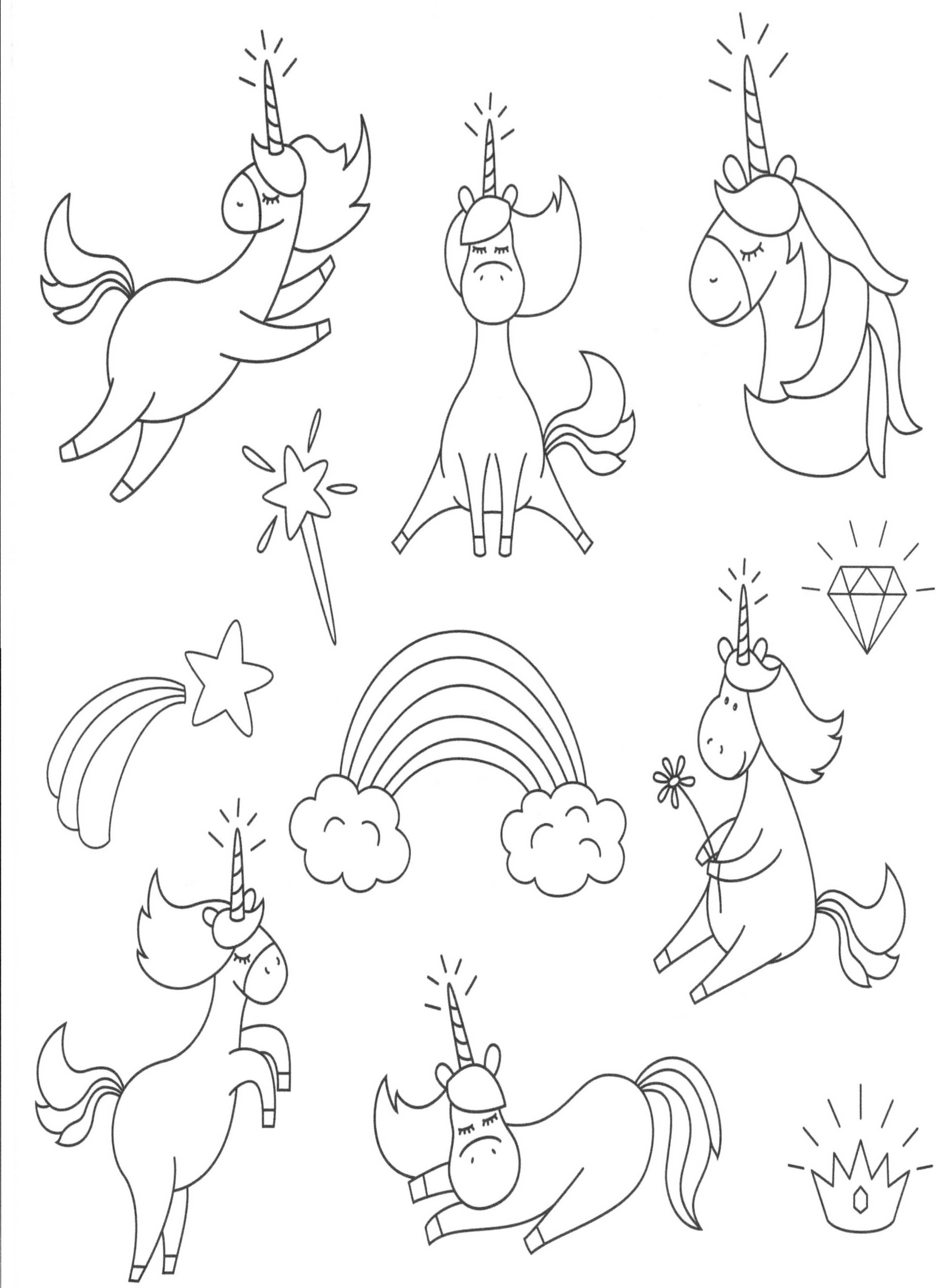

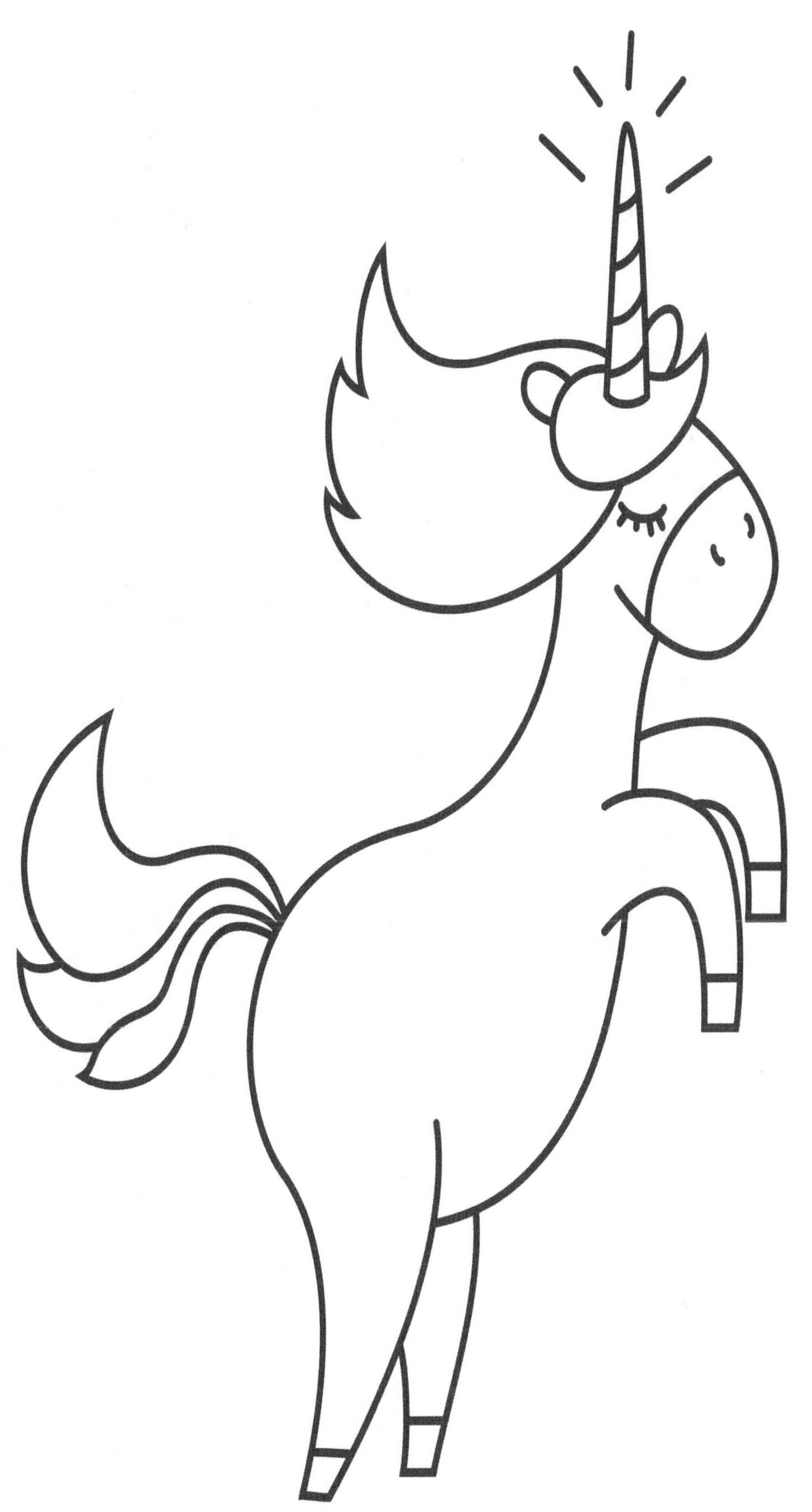

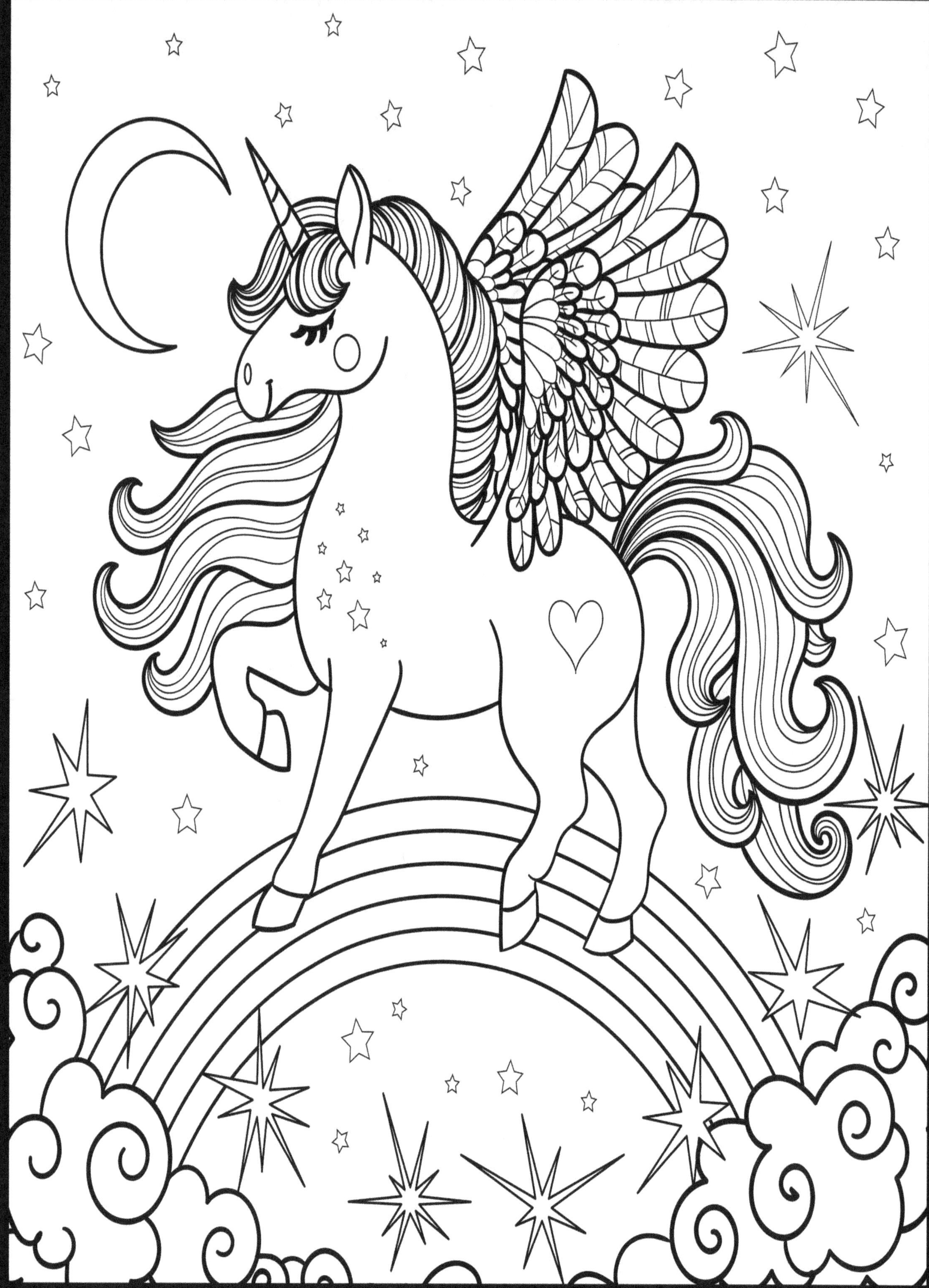

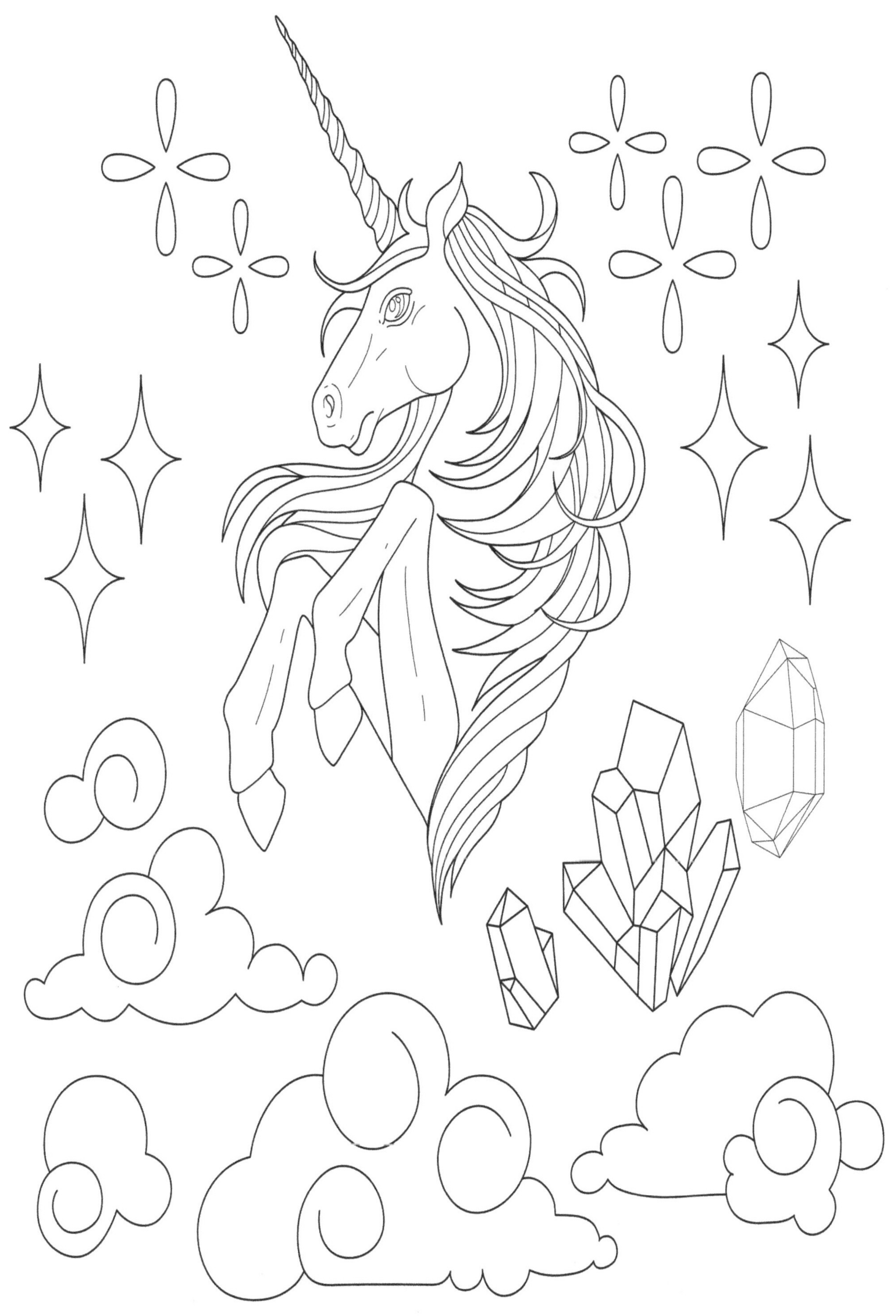

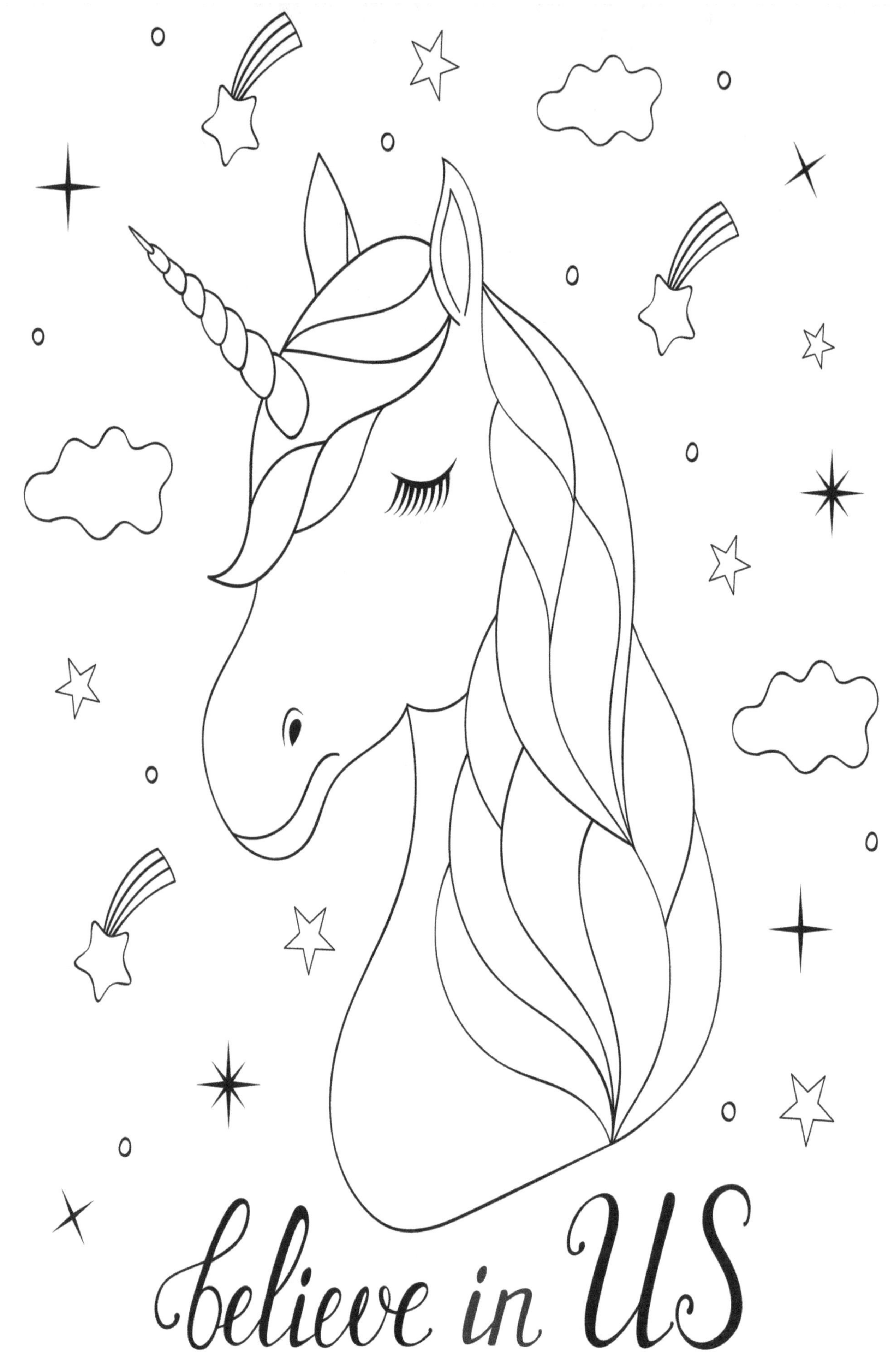

believe in US

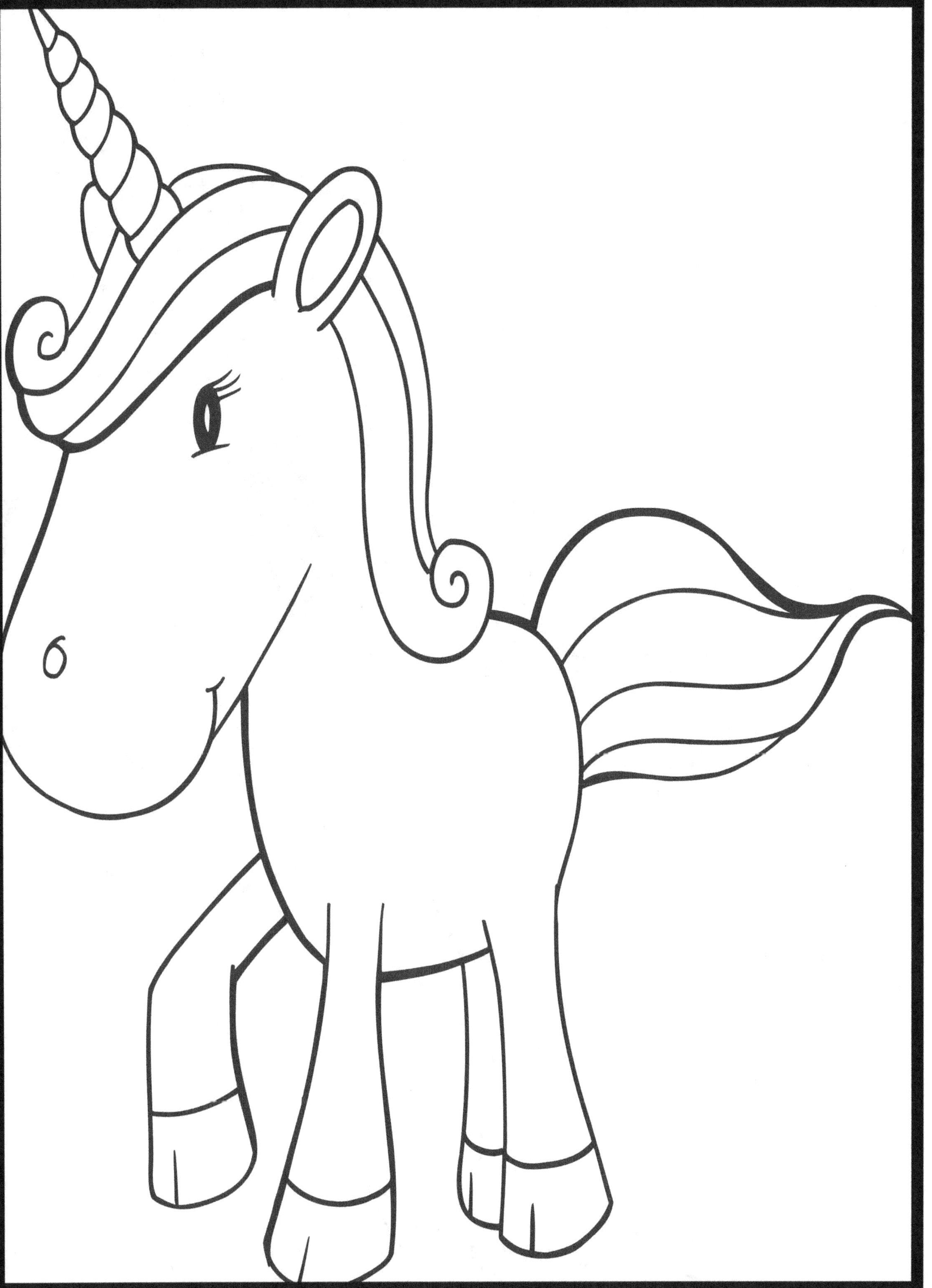

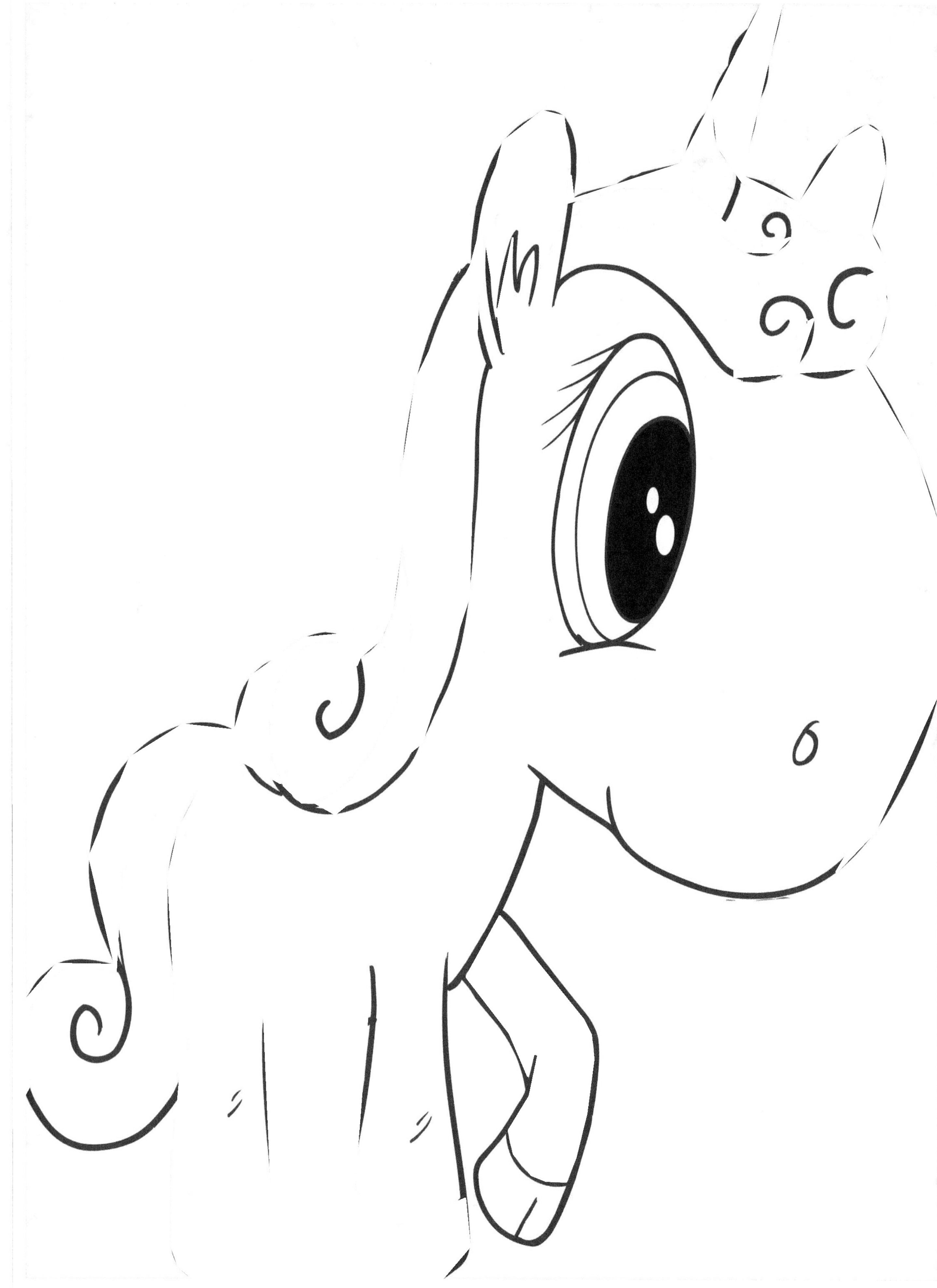

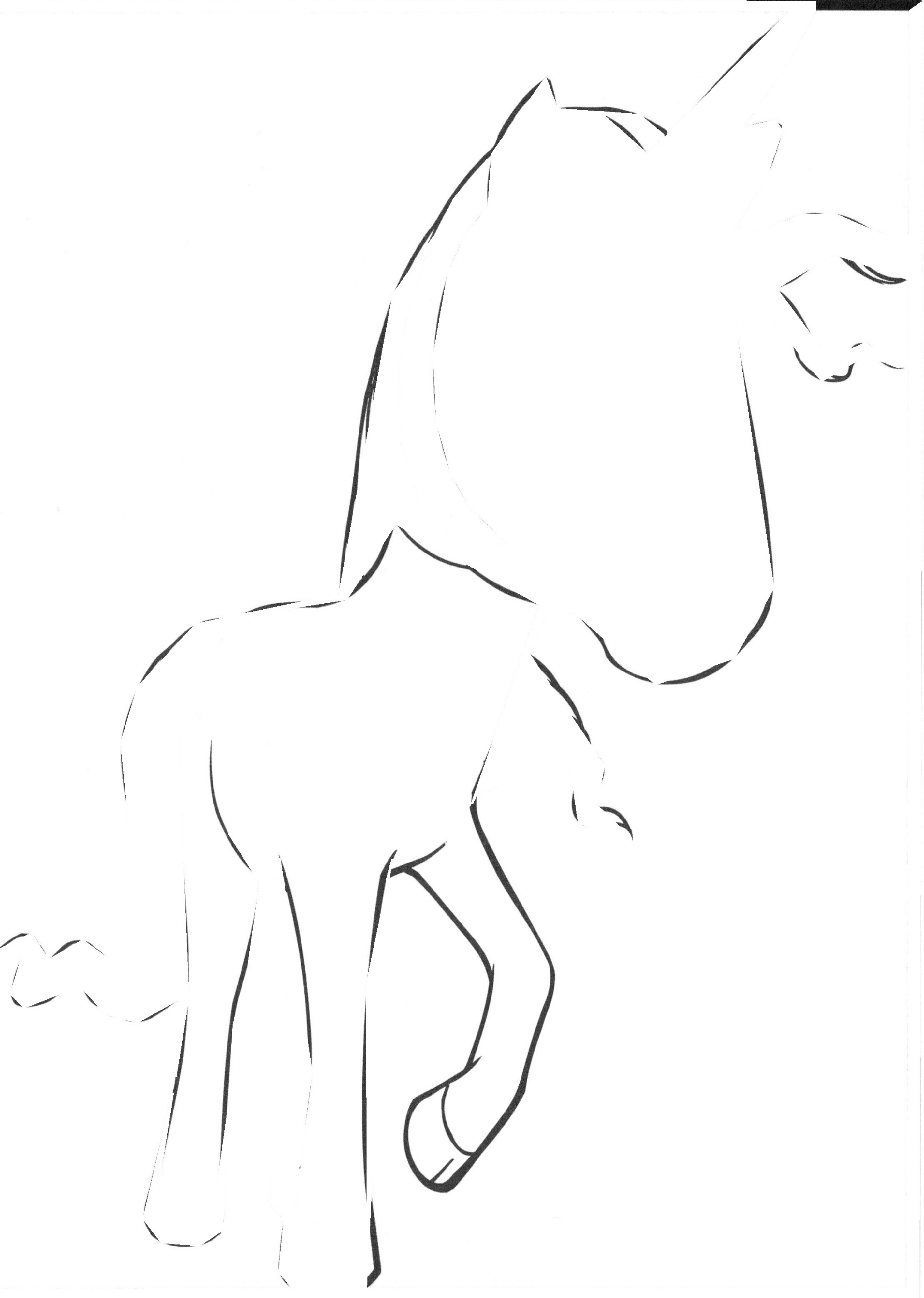

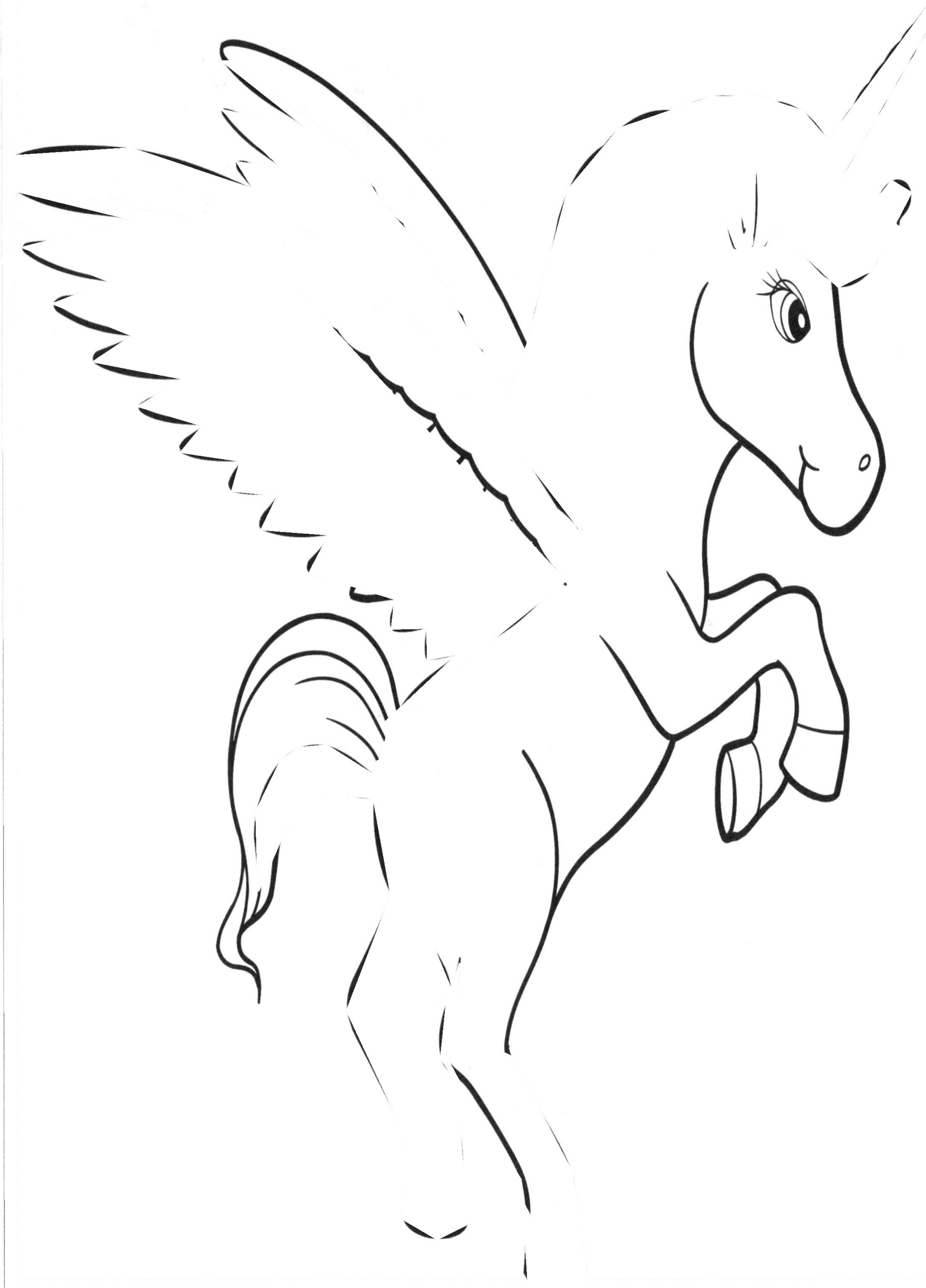

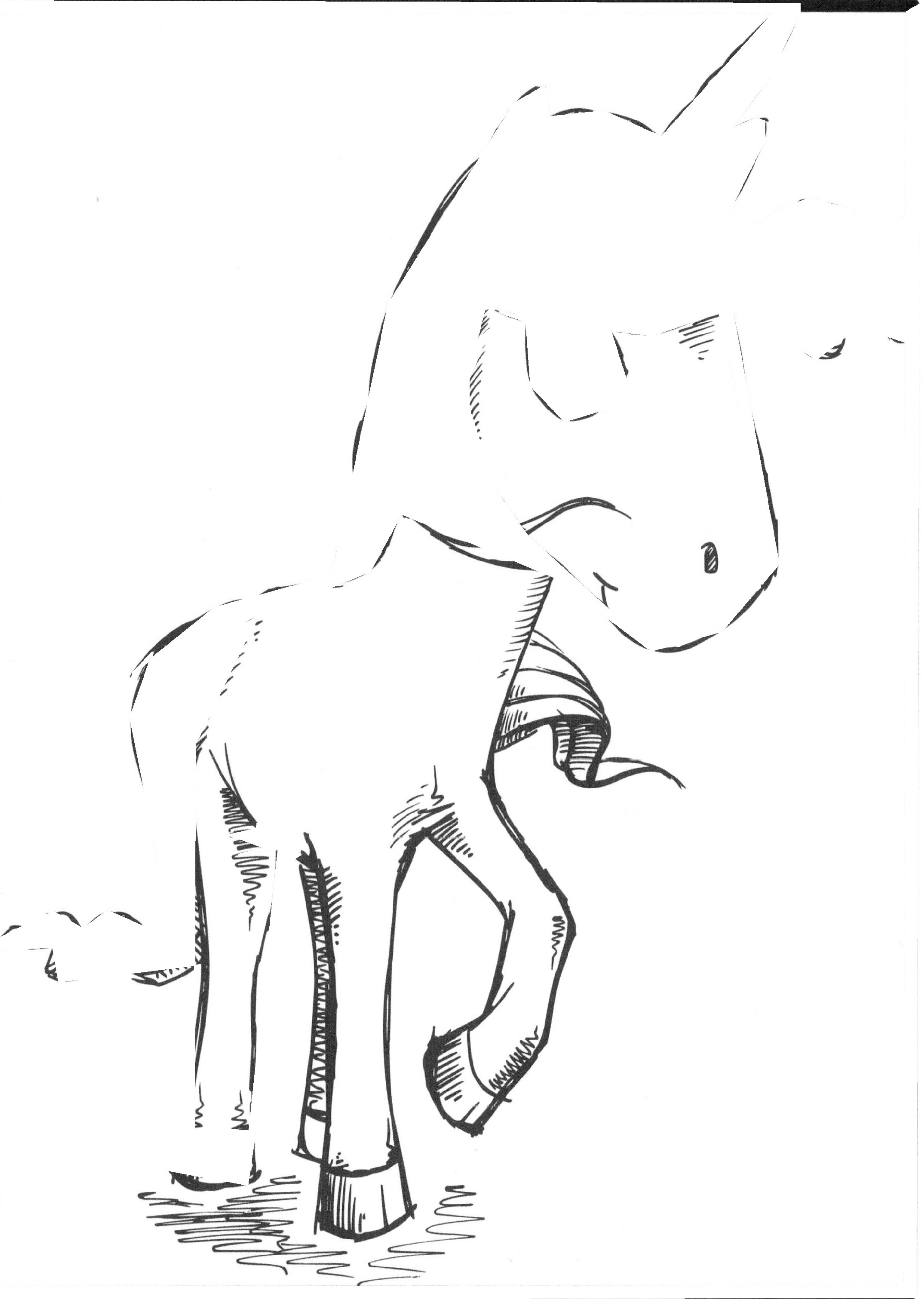

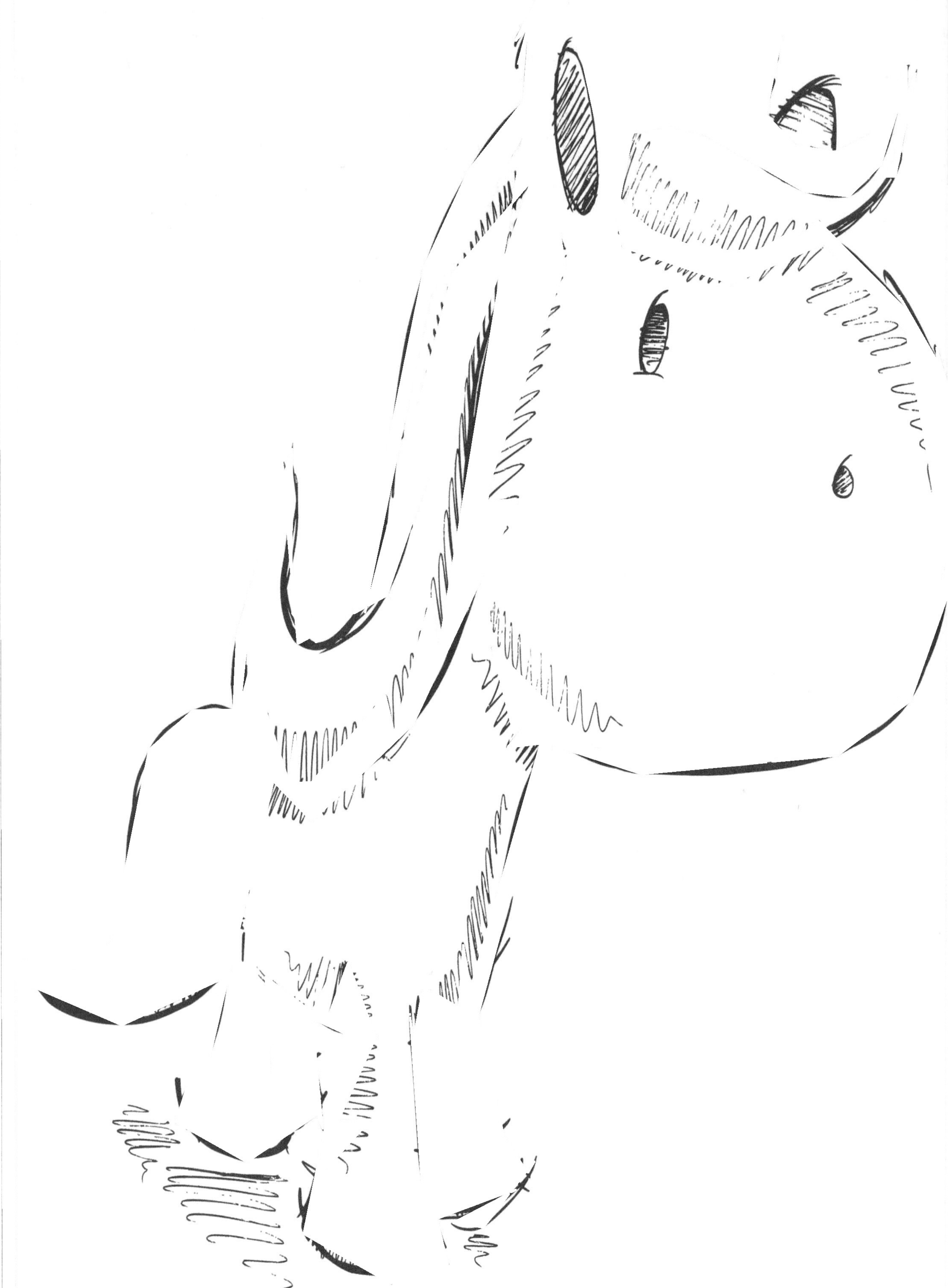

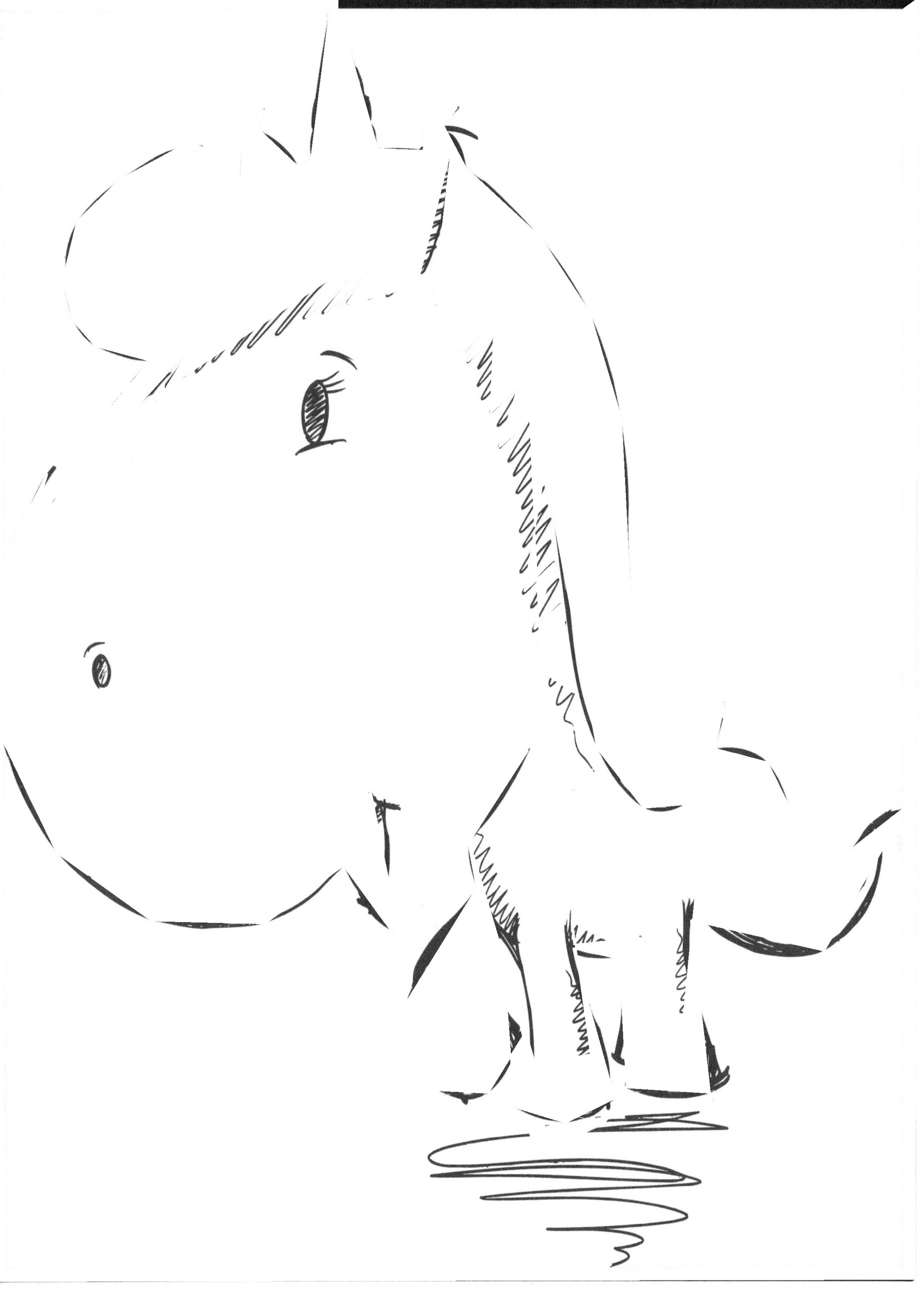

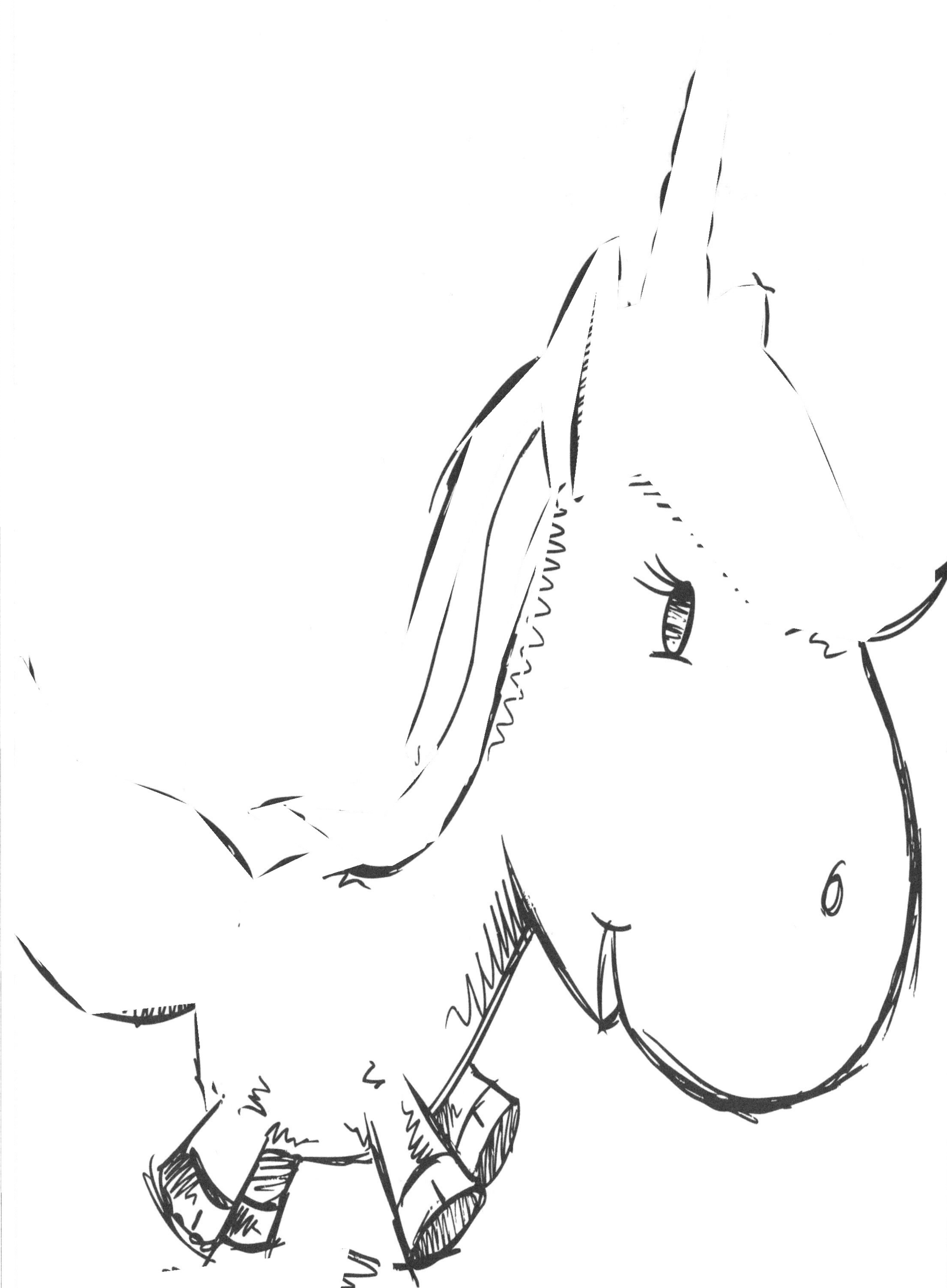

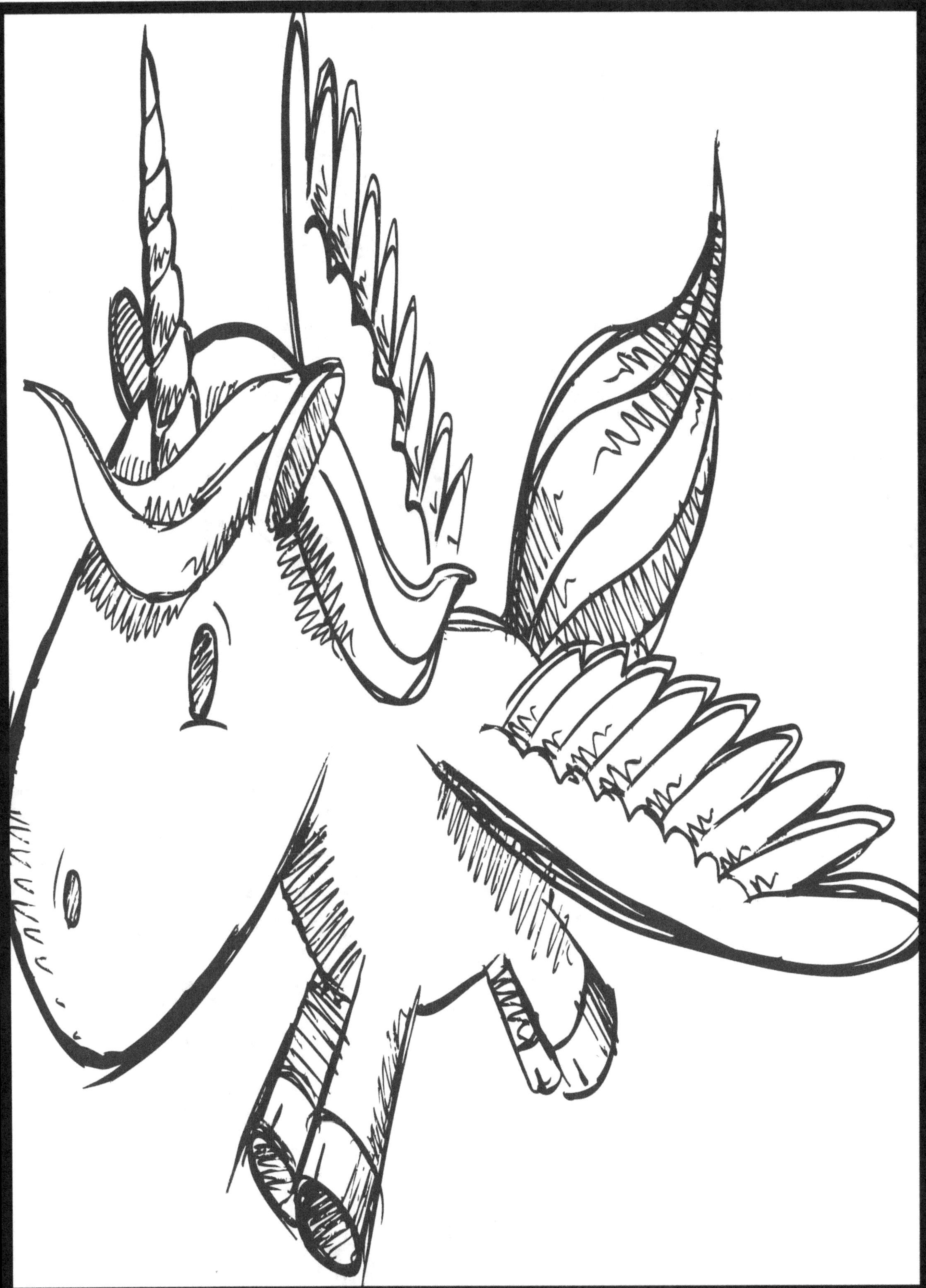

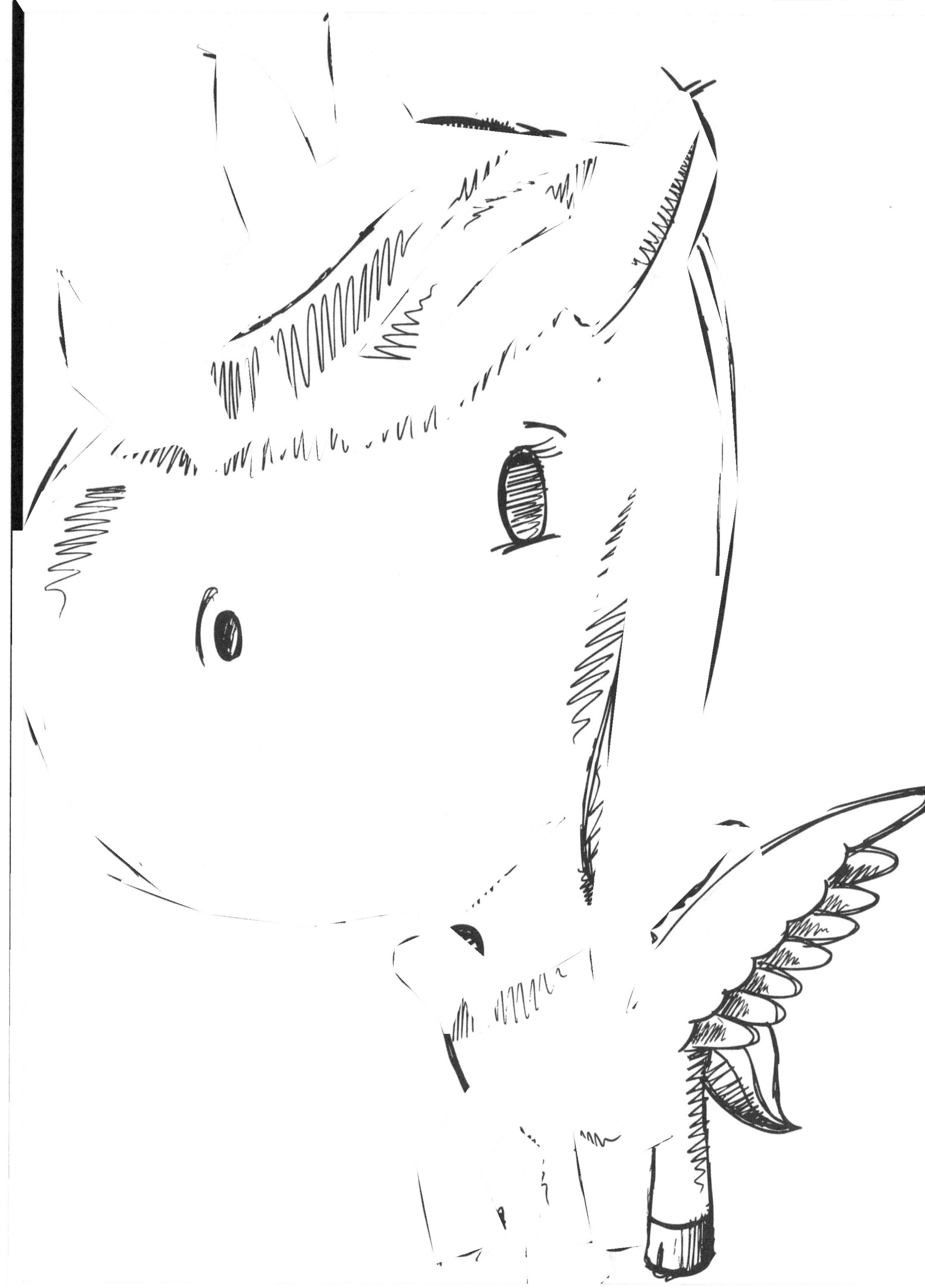

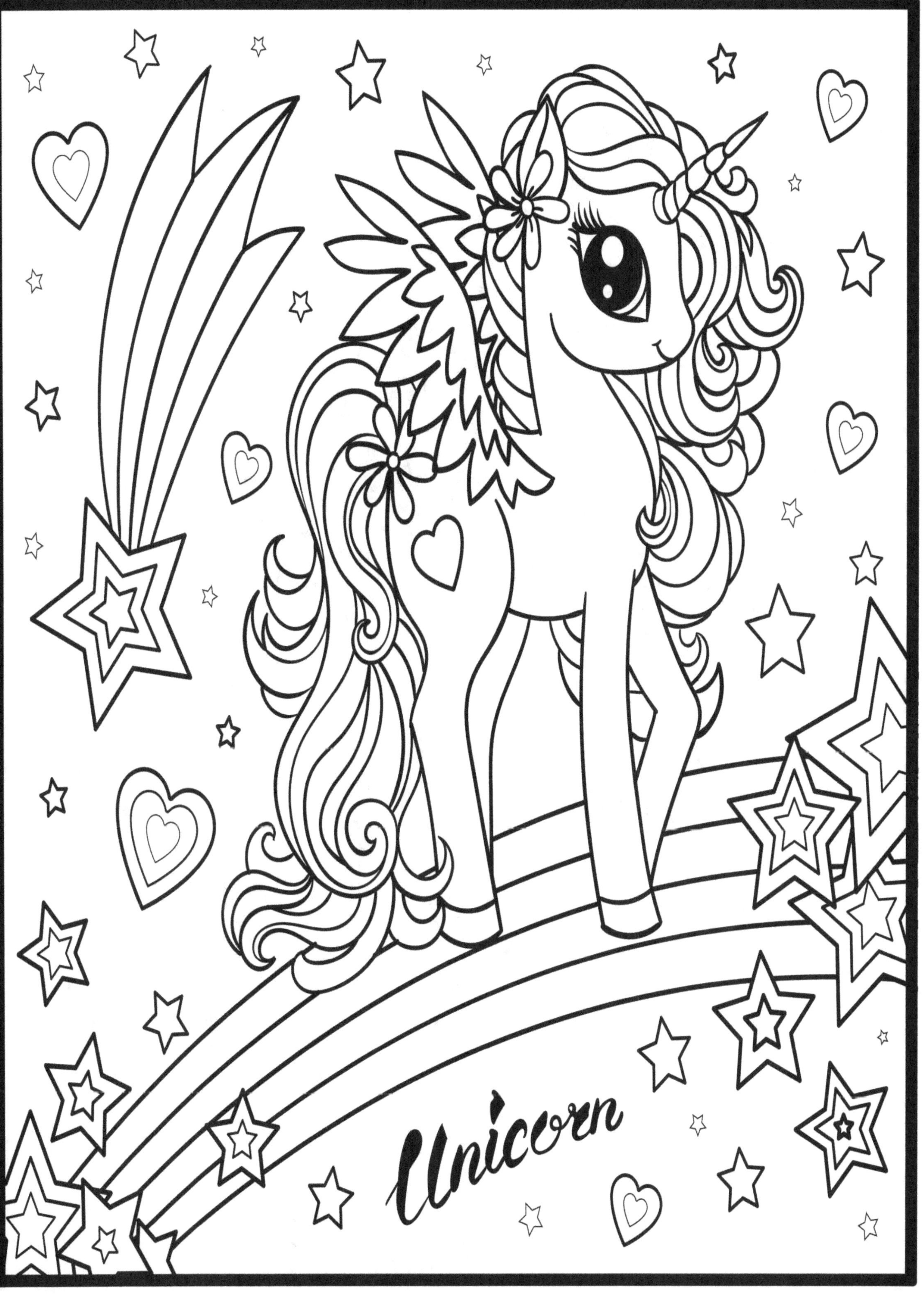
Unicorn

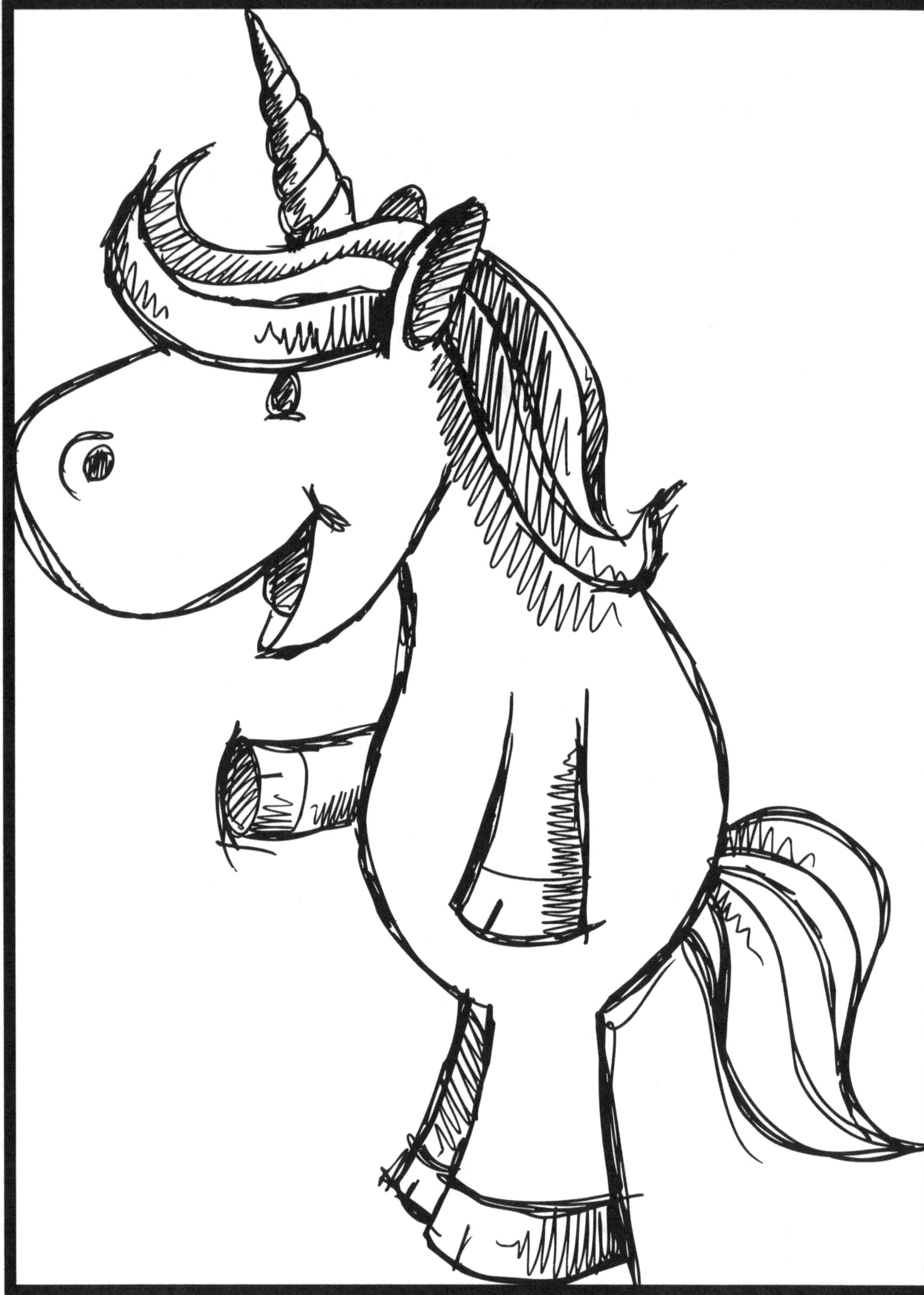

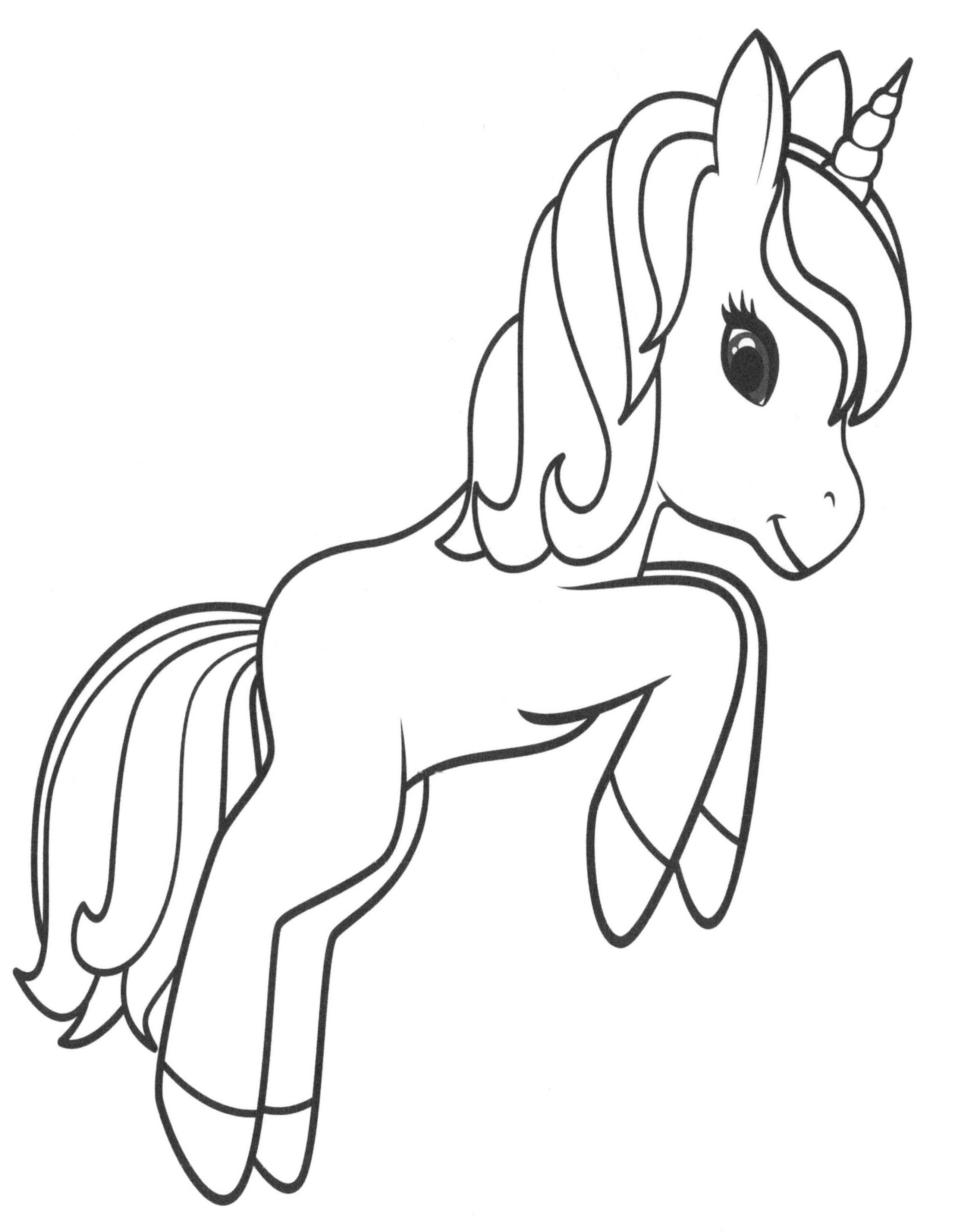

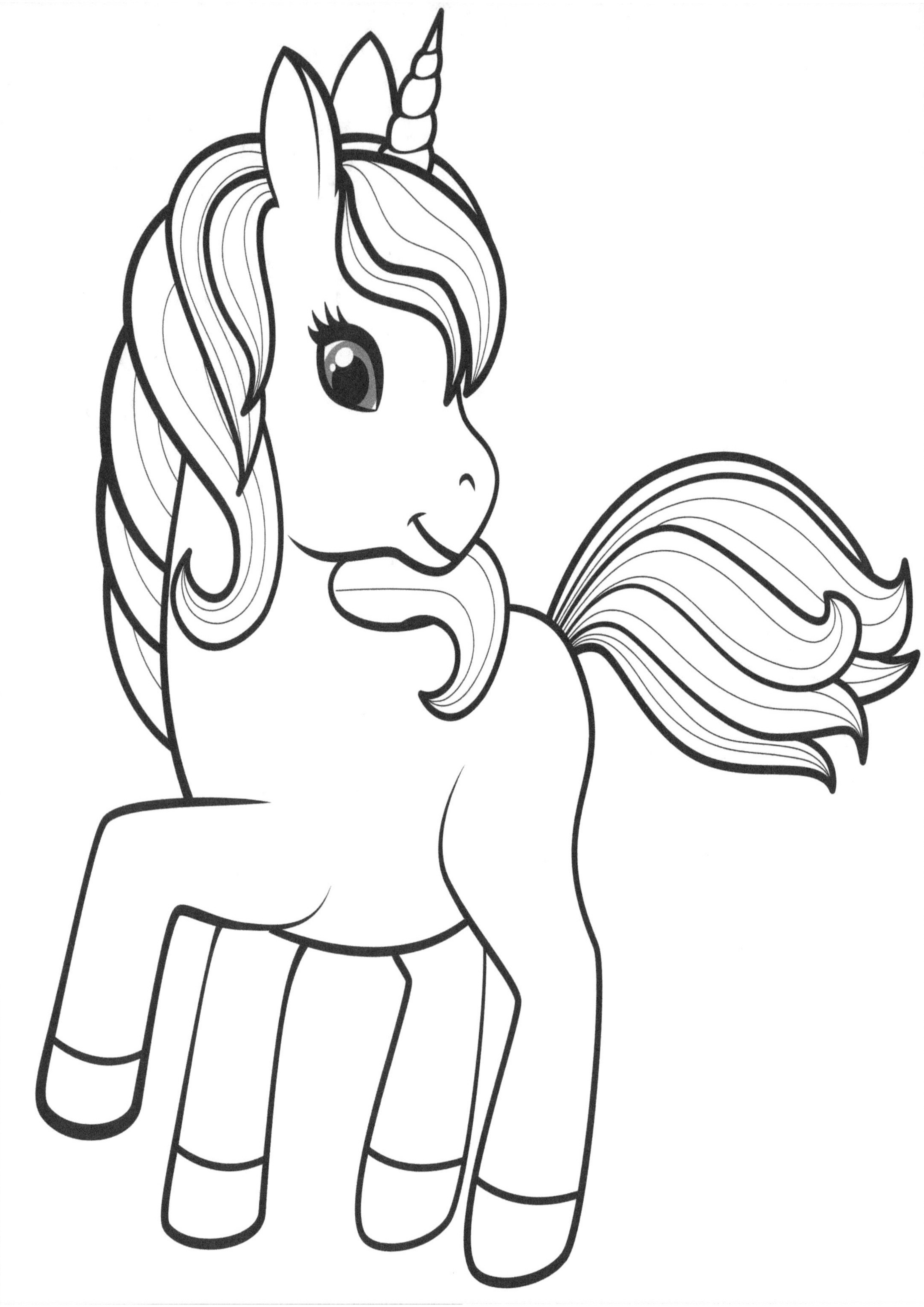

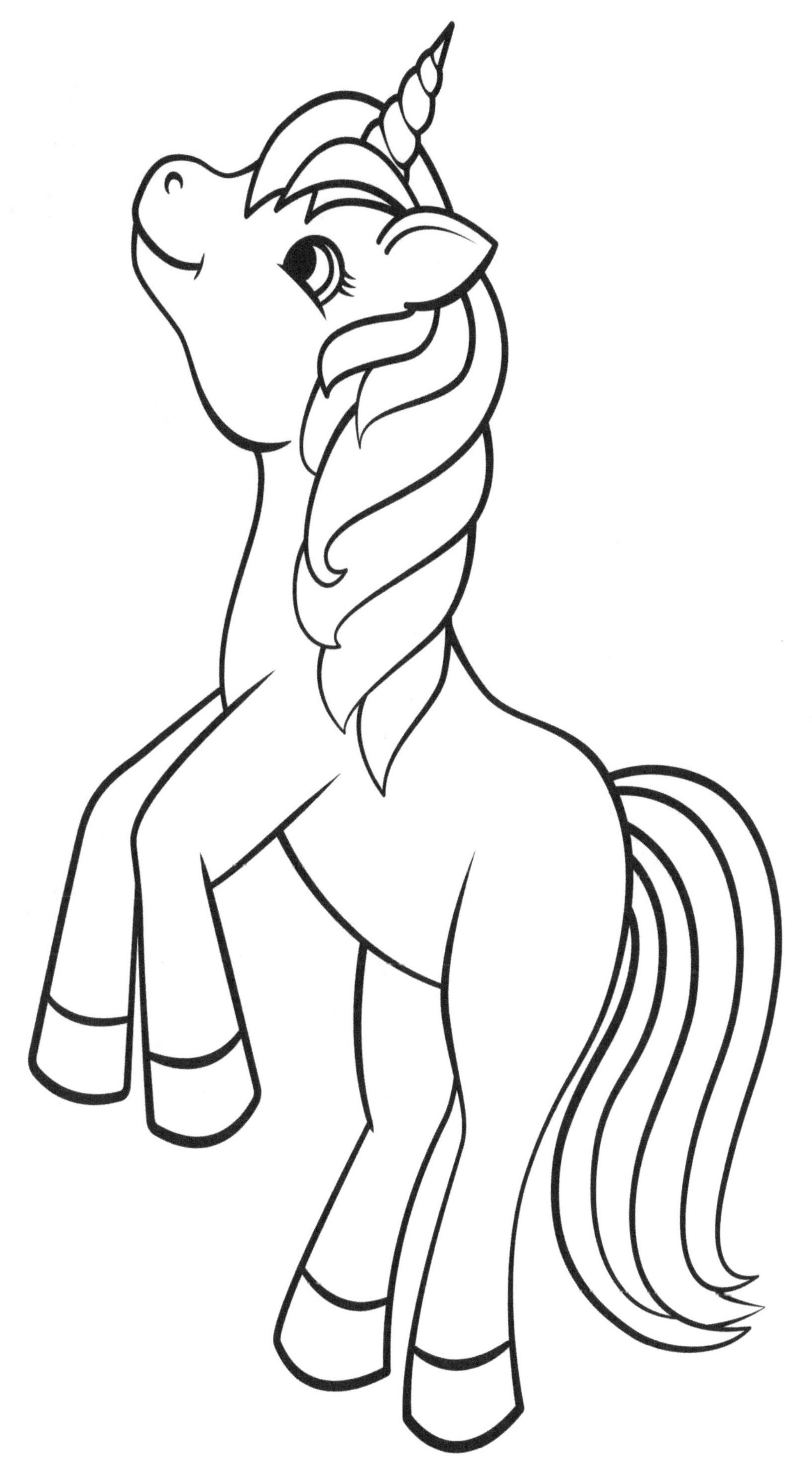

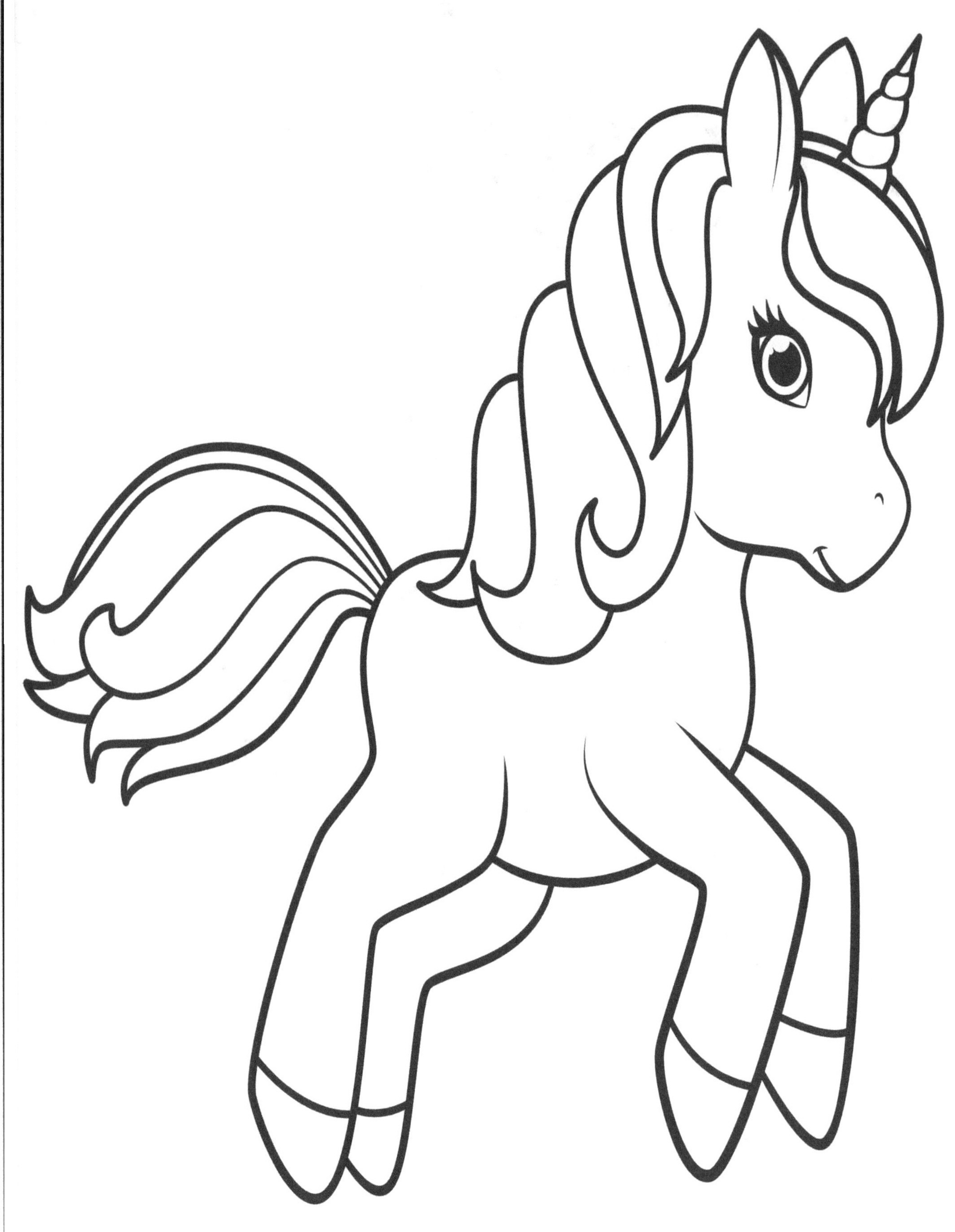

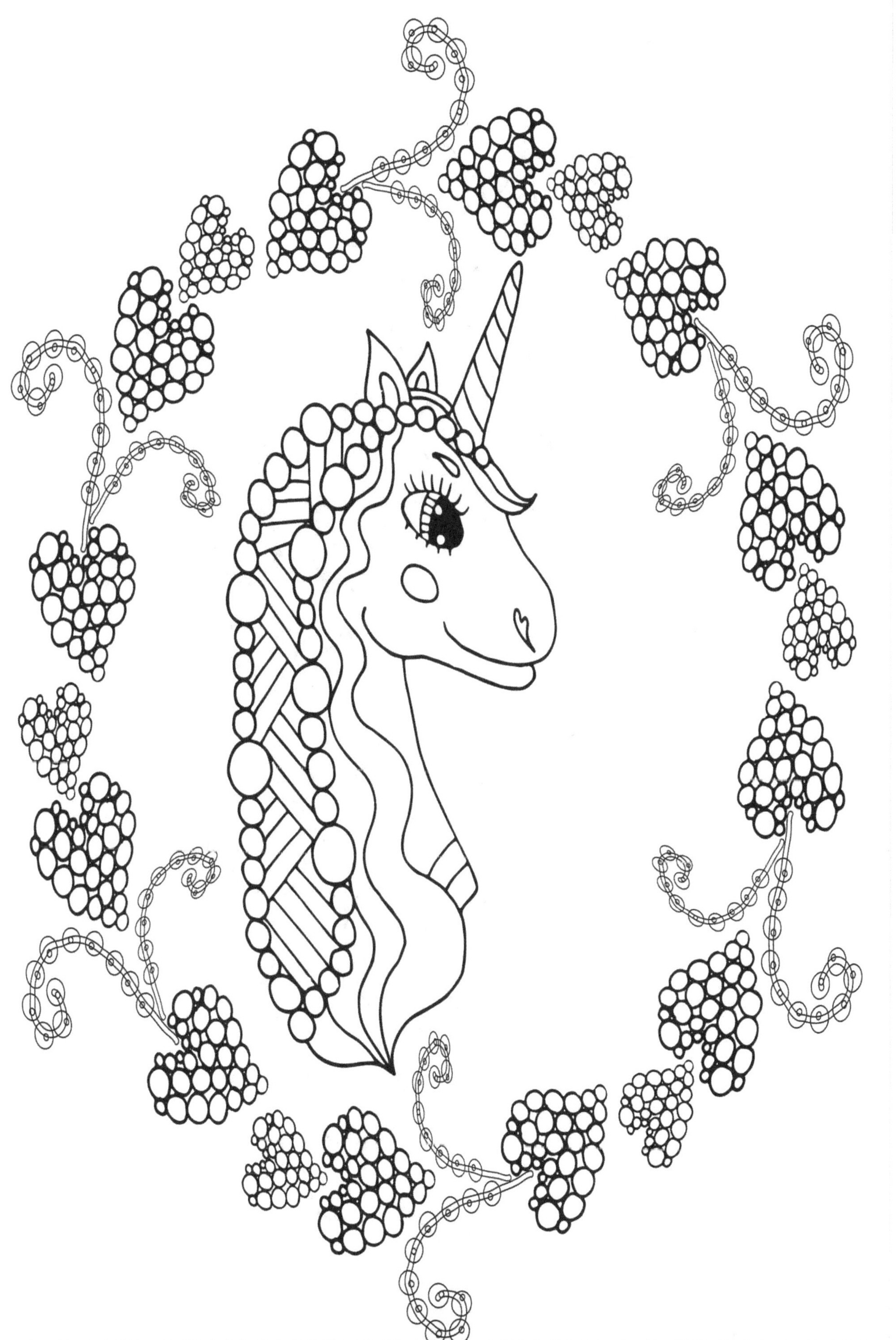

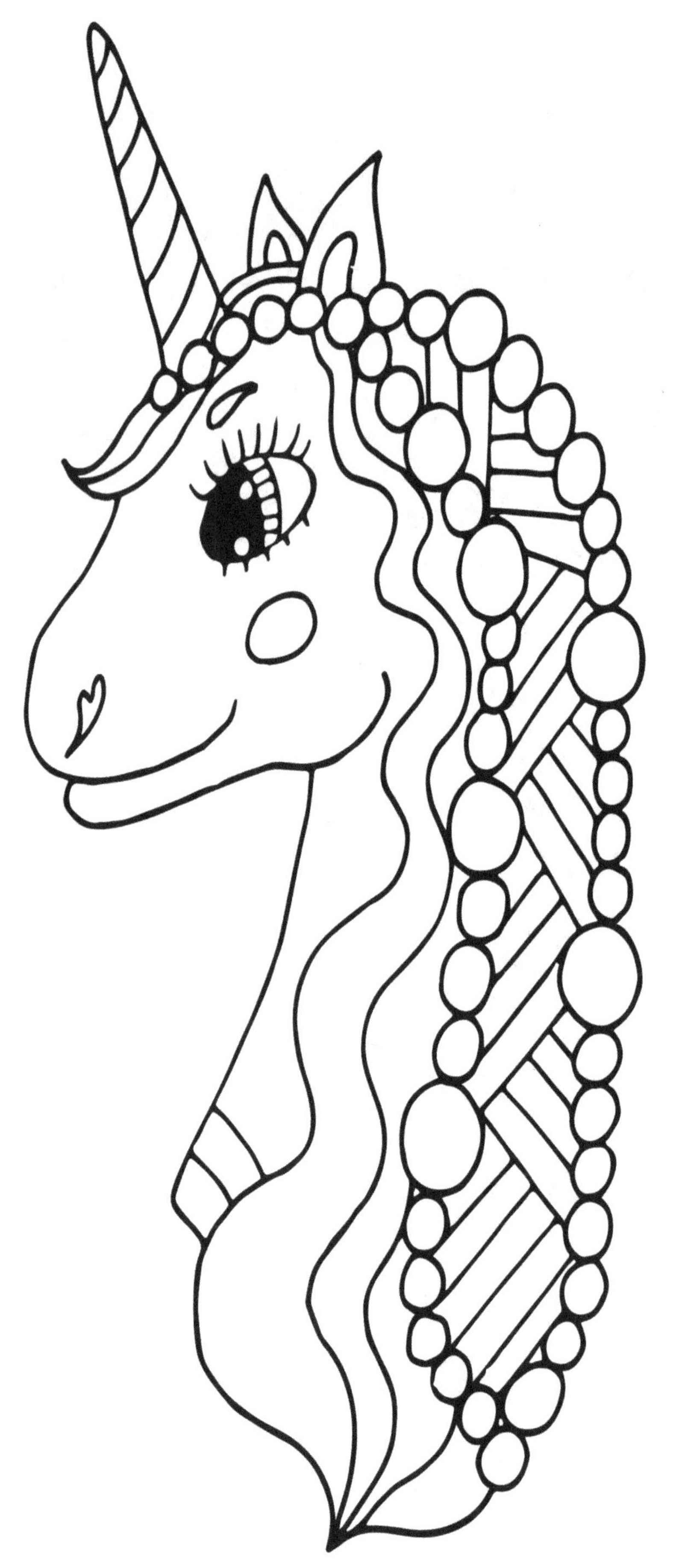

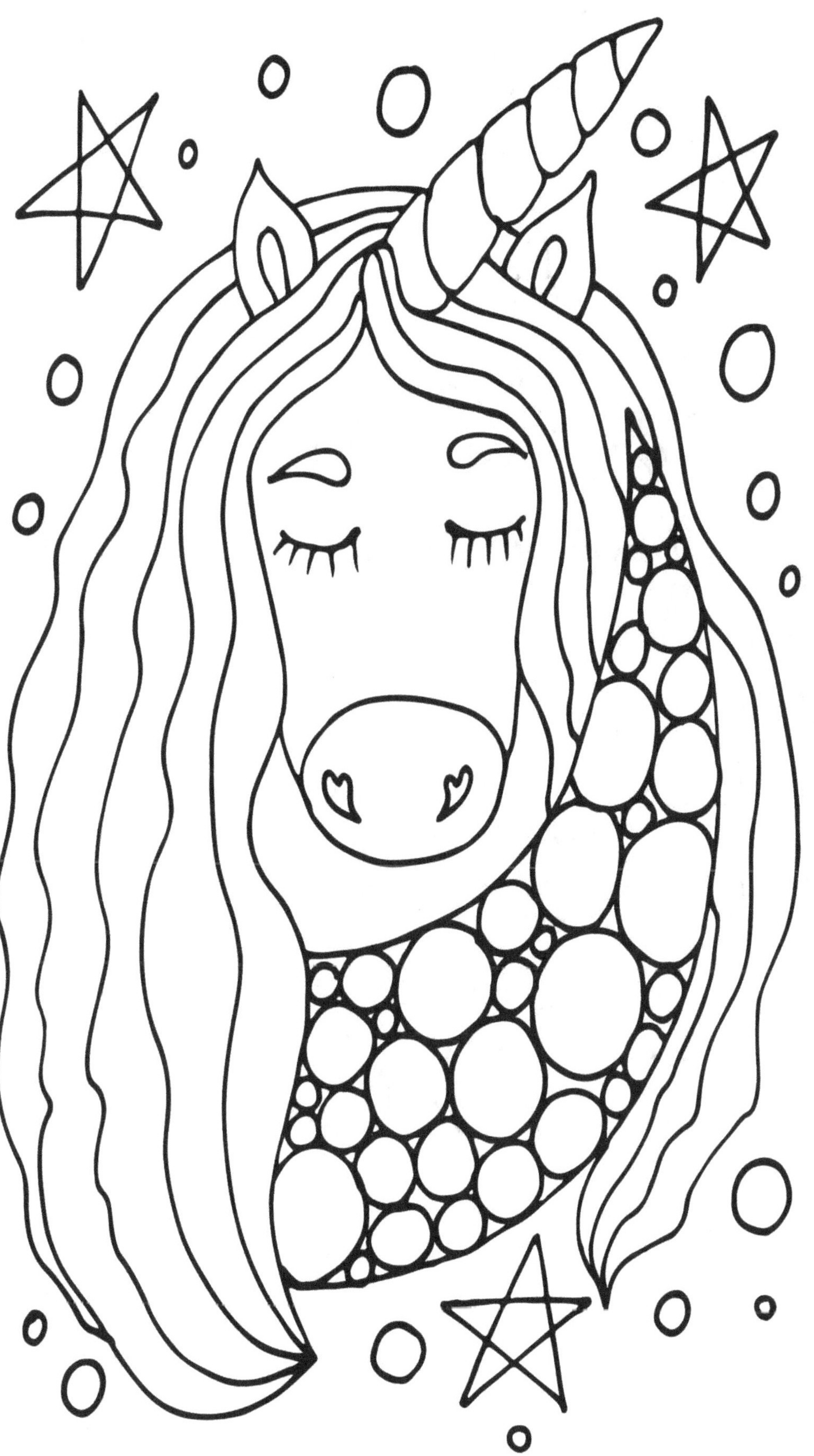

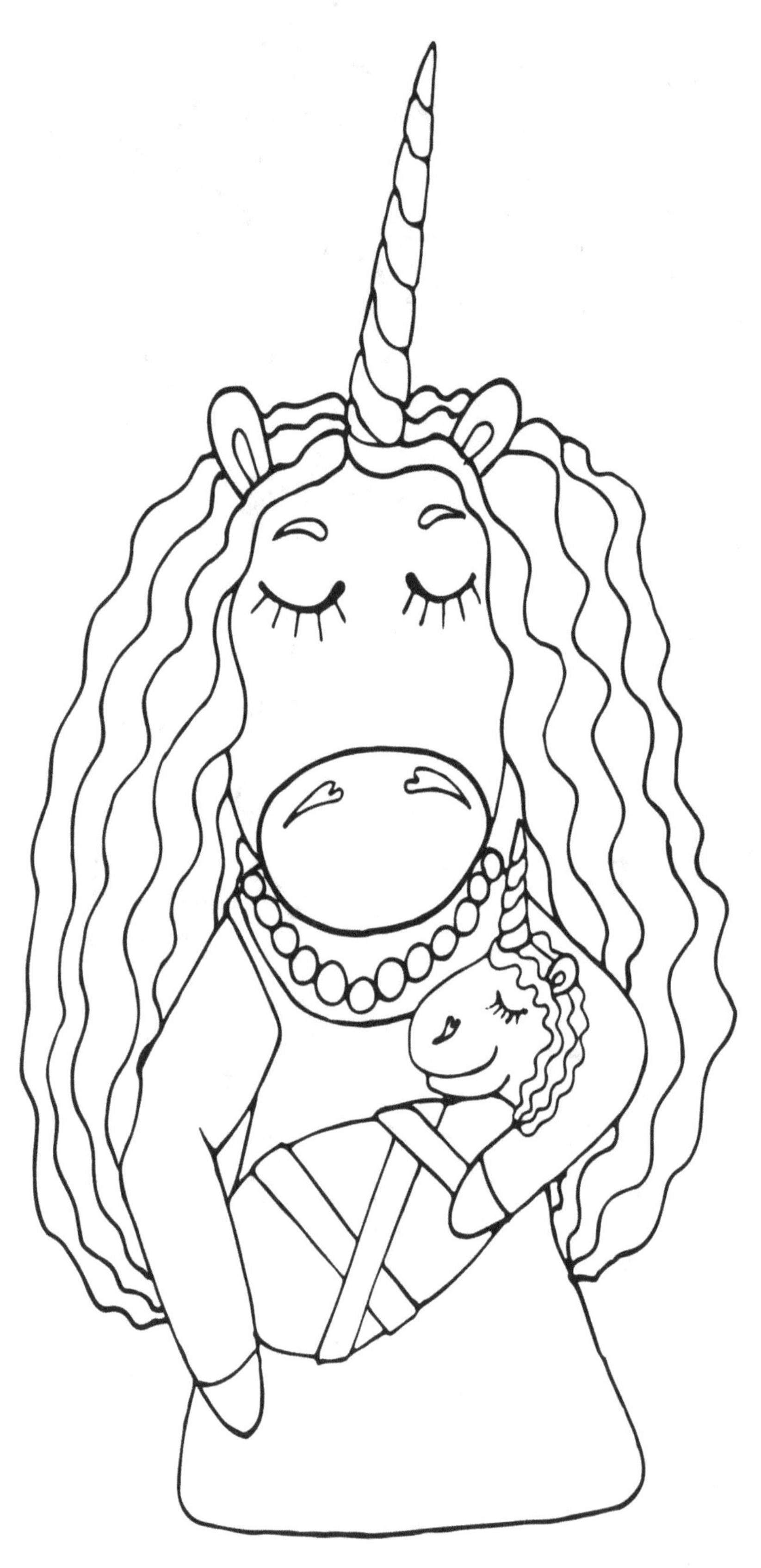

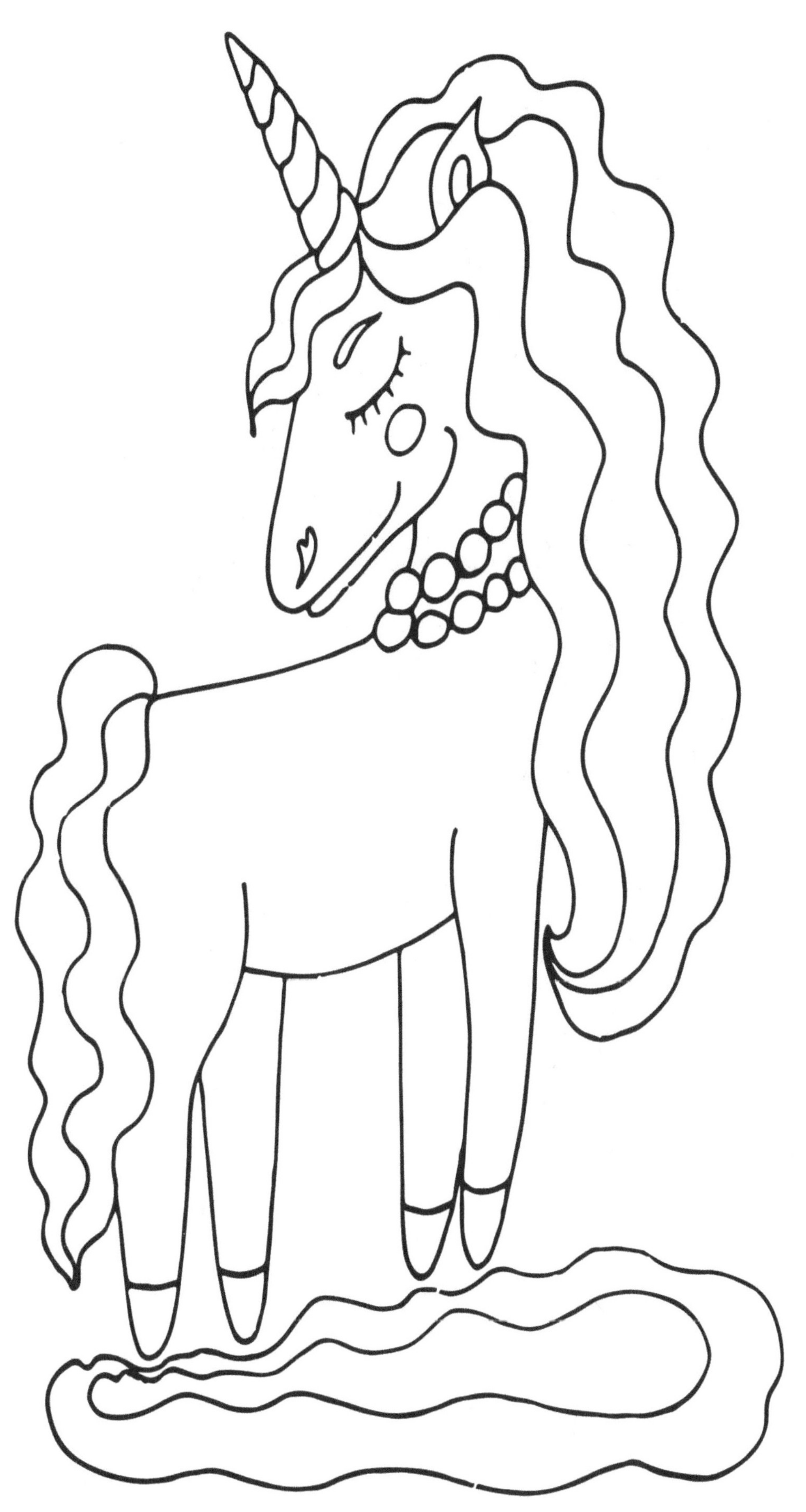

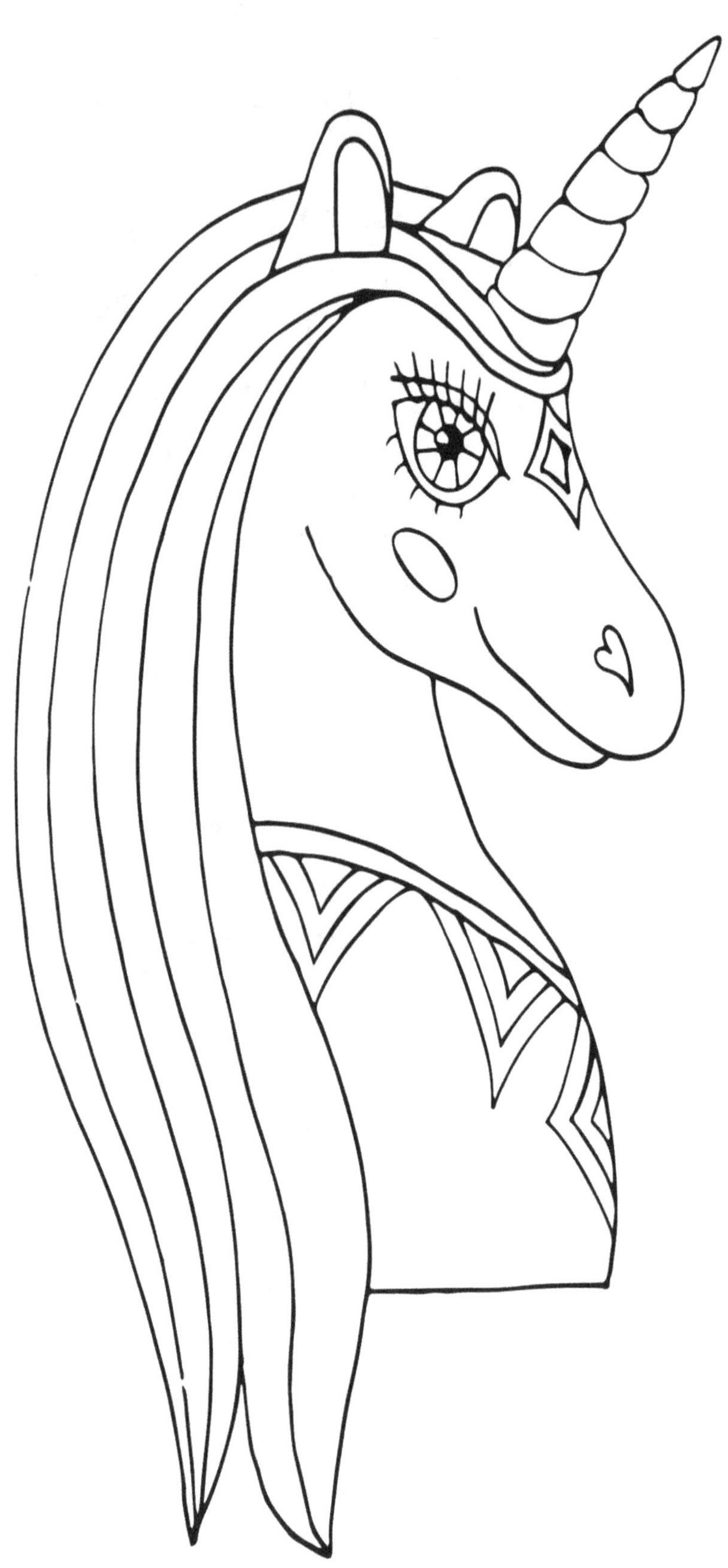

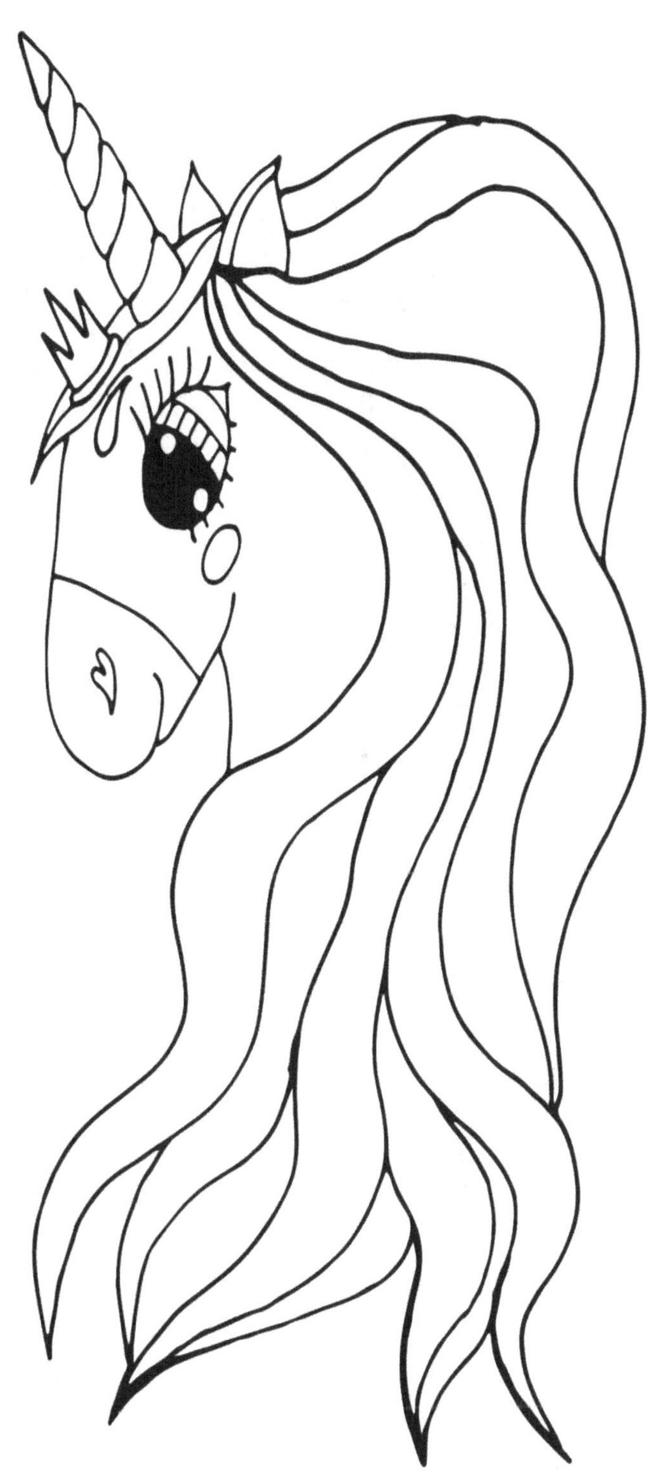

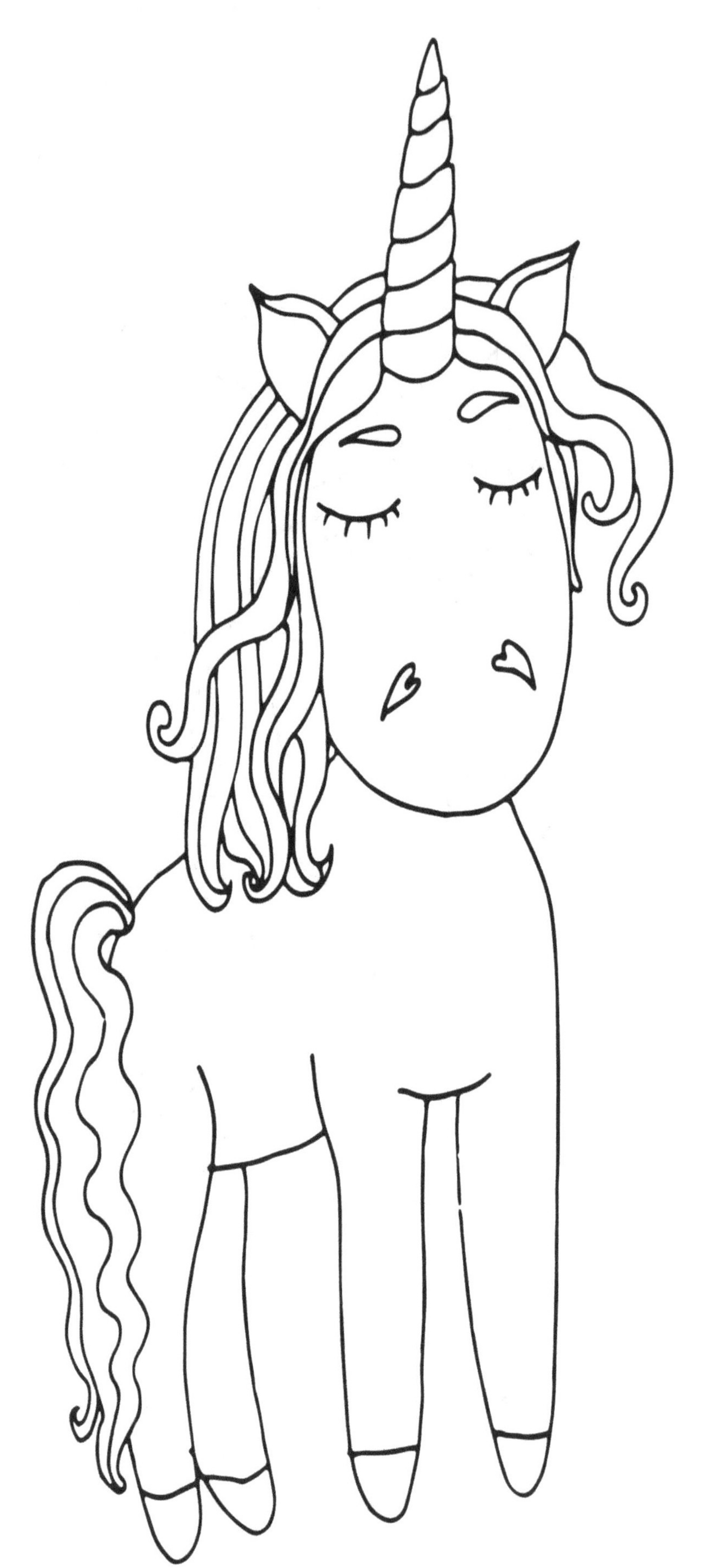

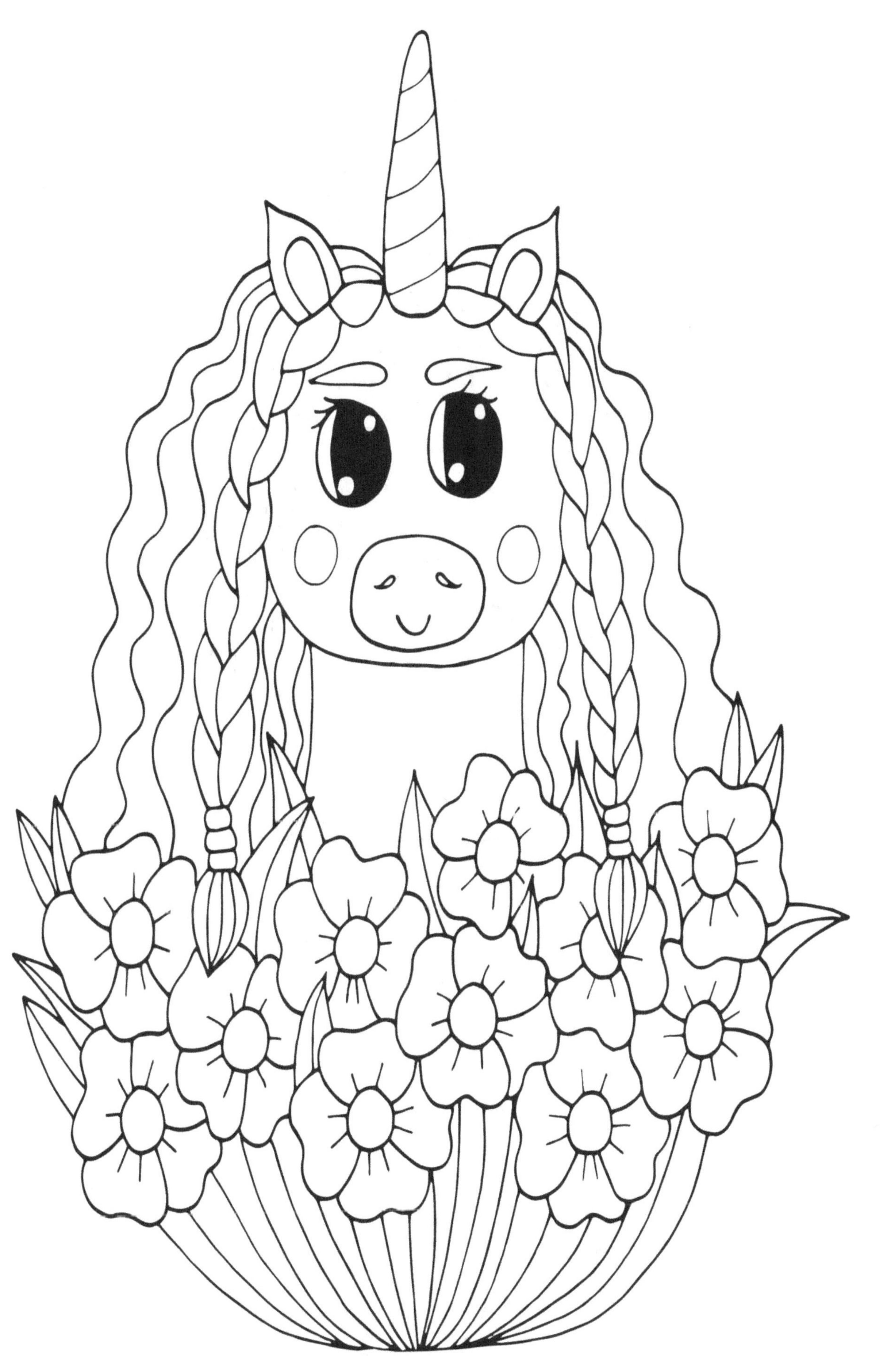

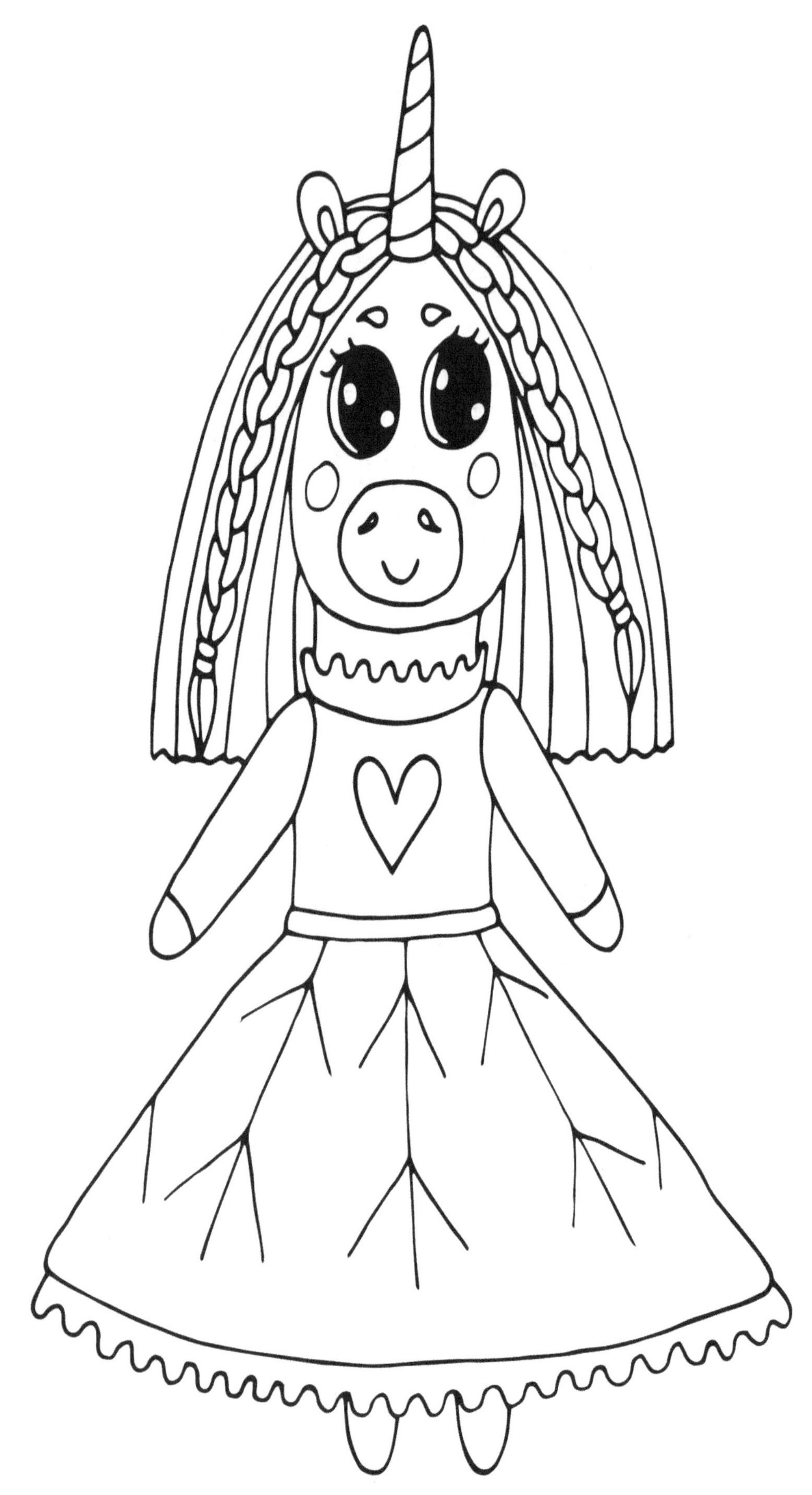

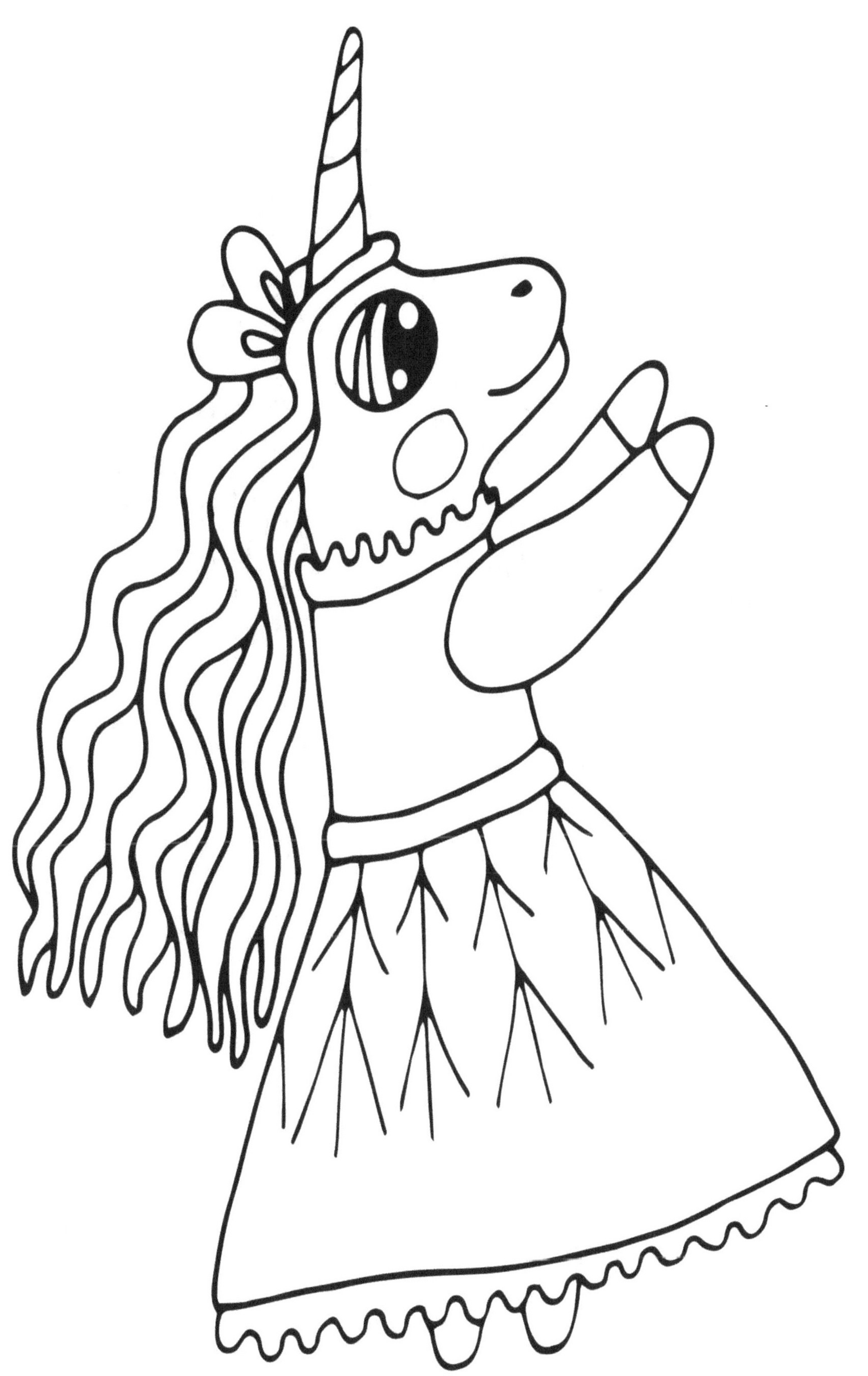

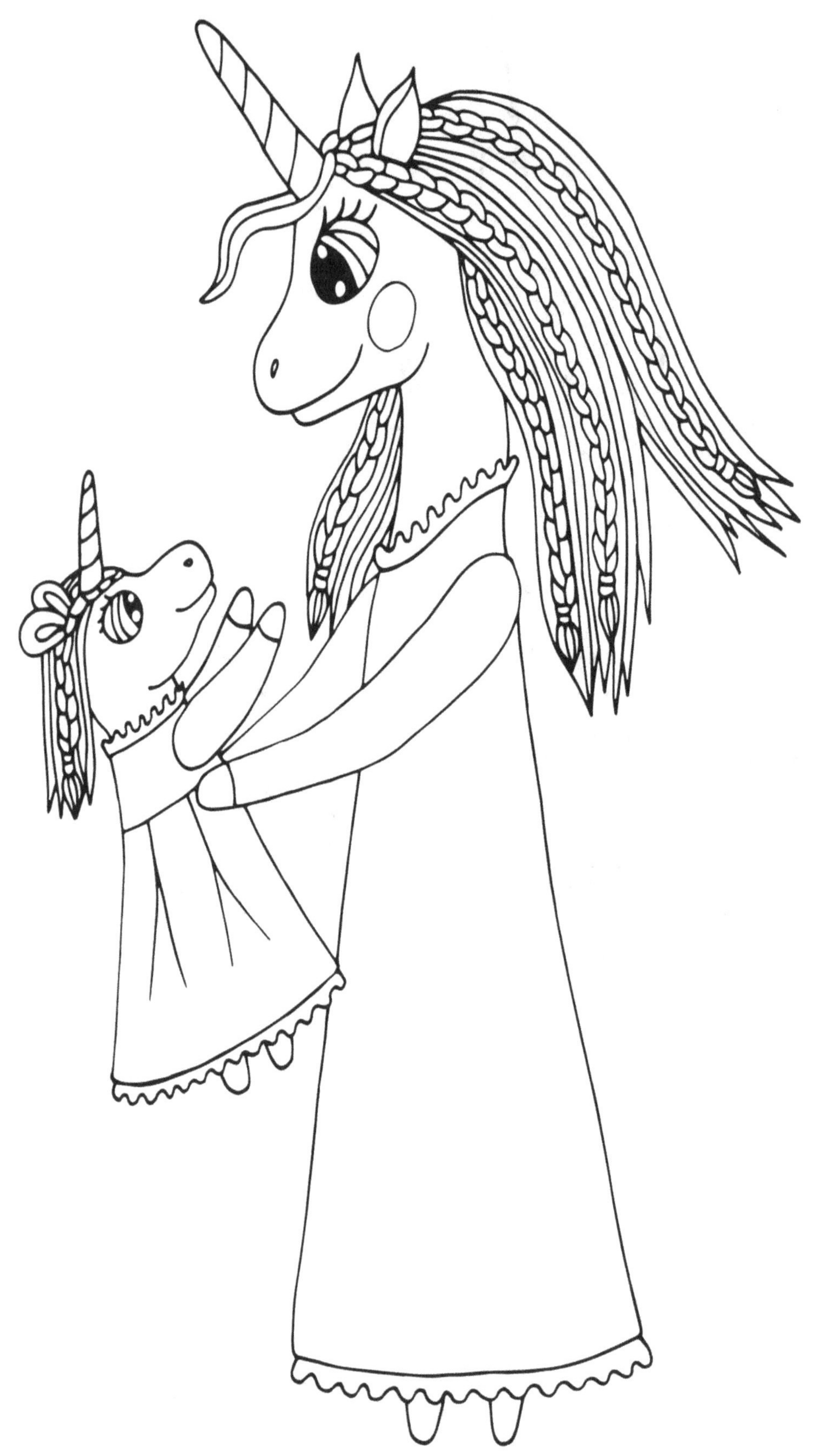

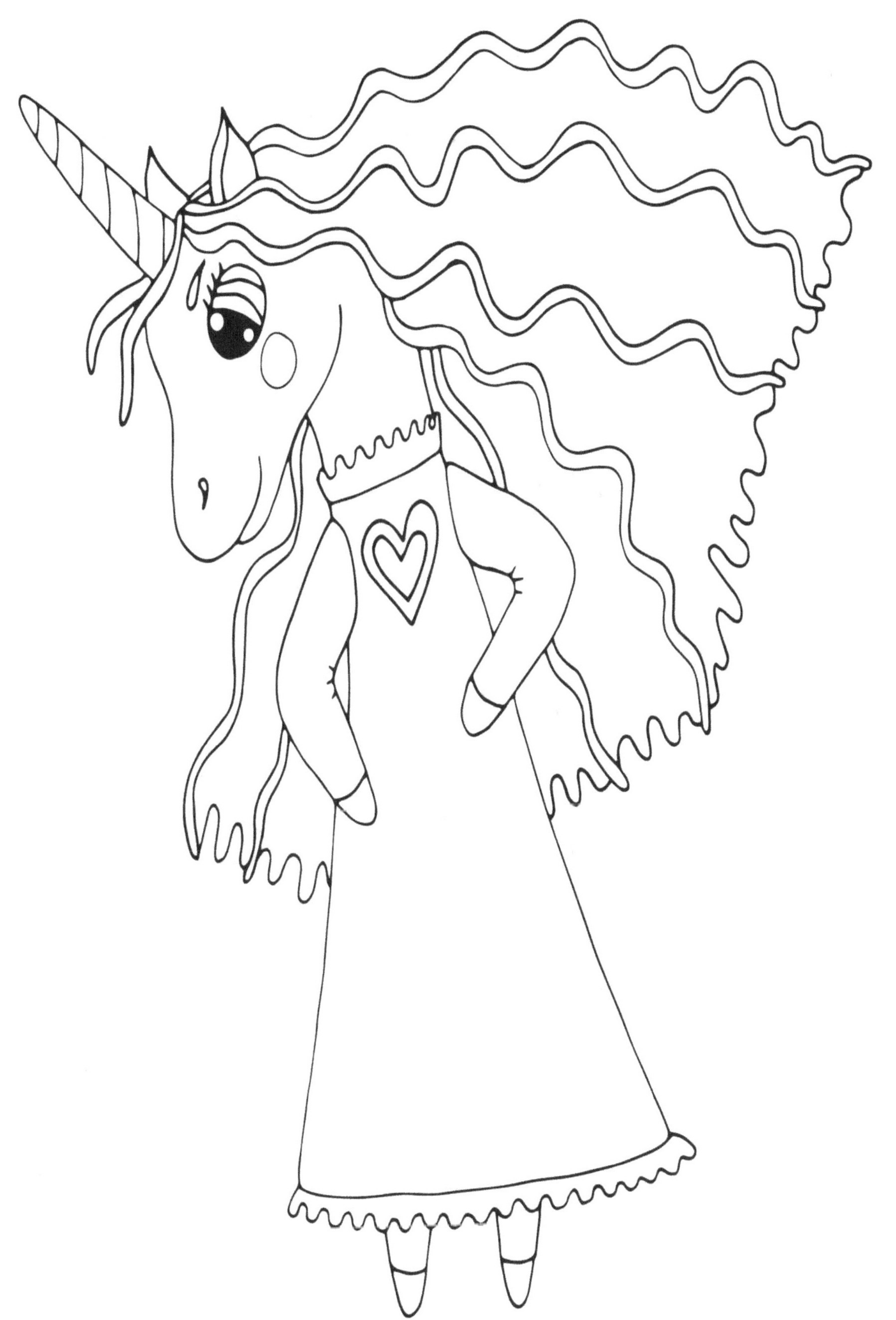

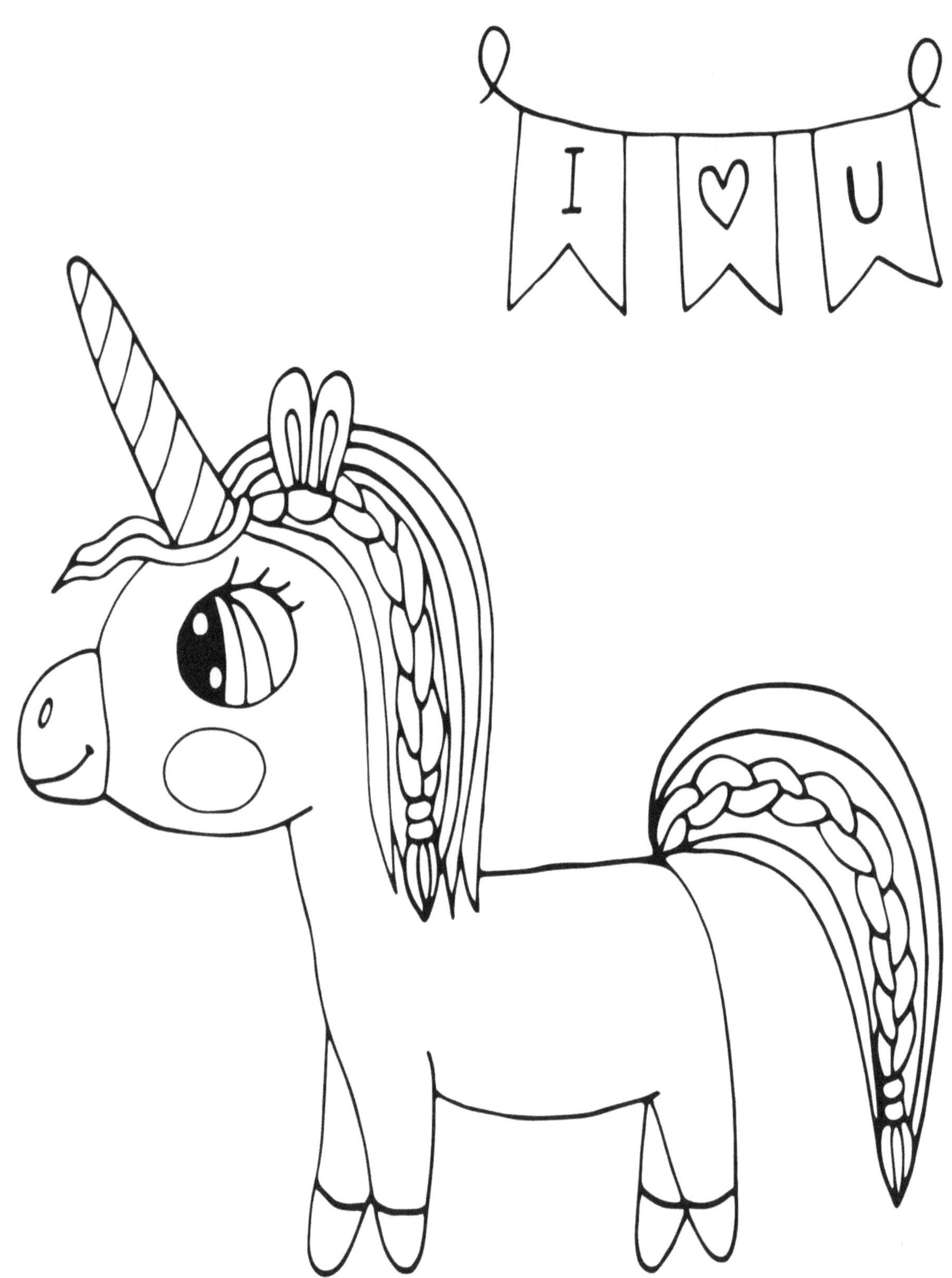
I ♥ U

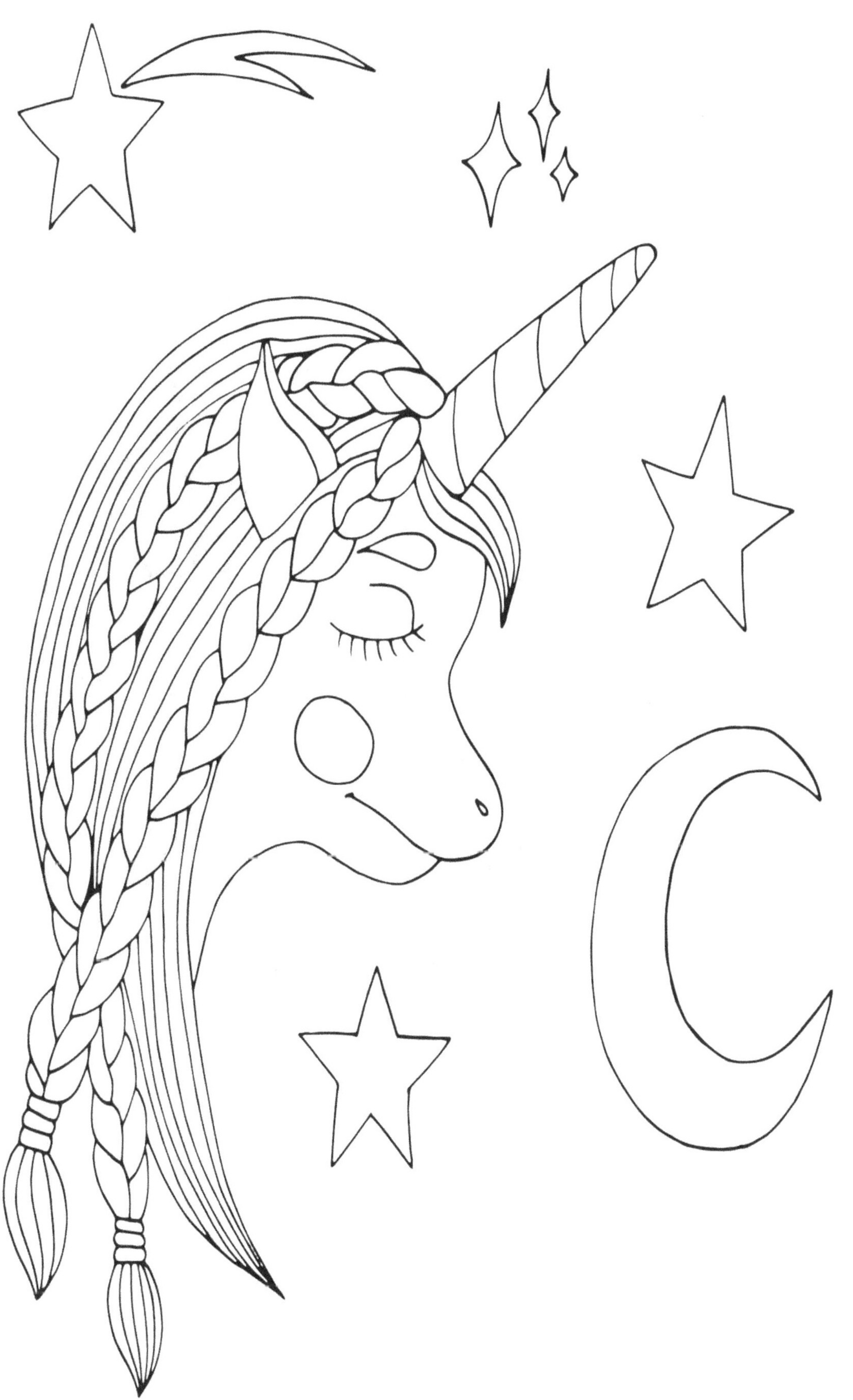

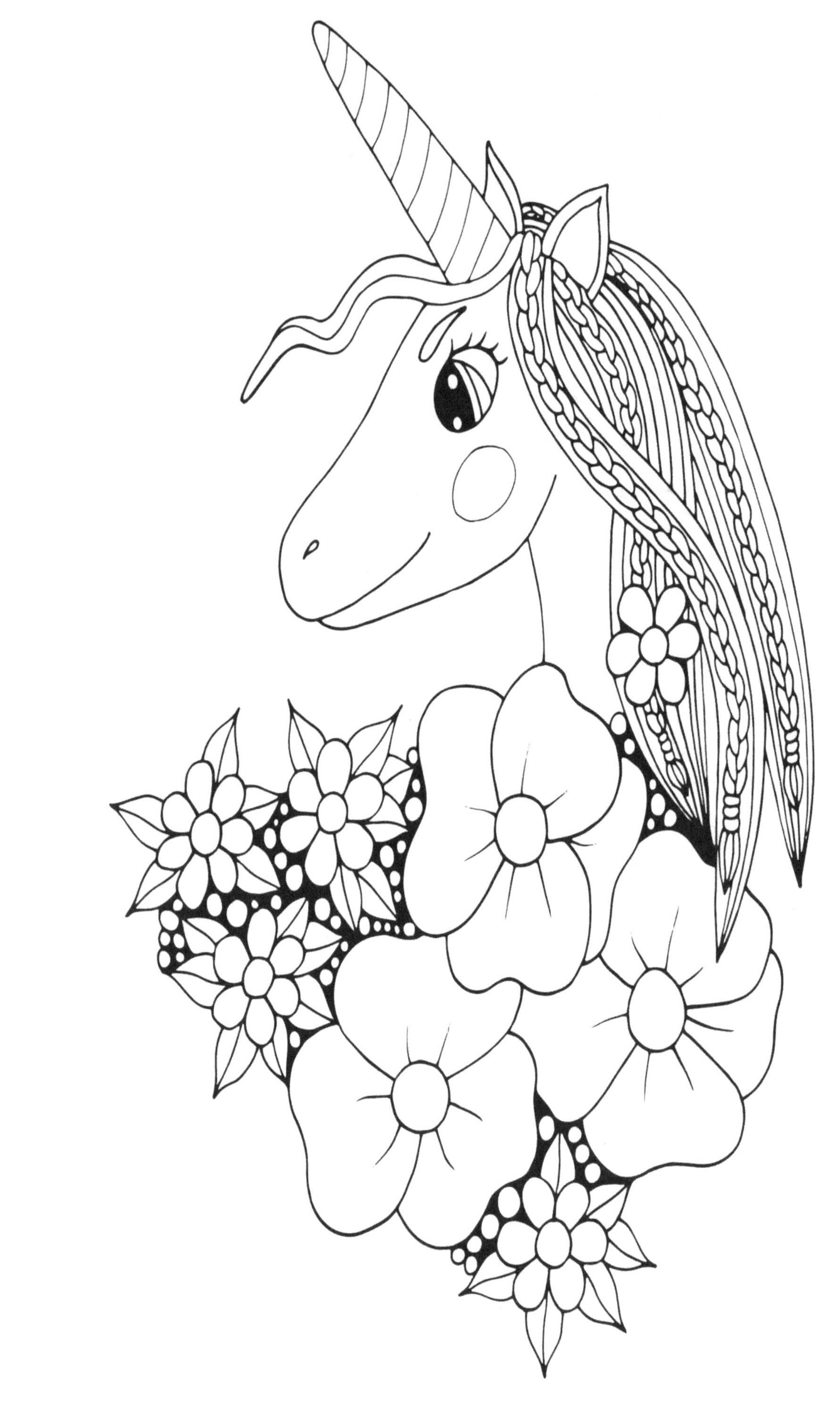

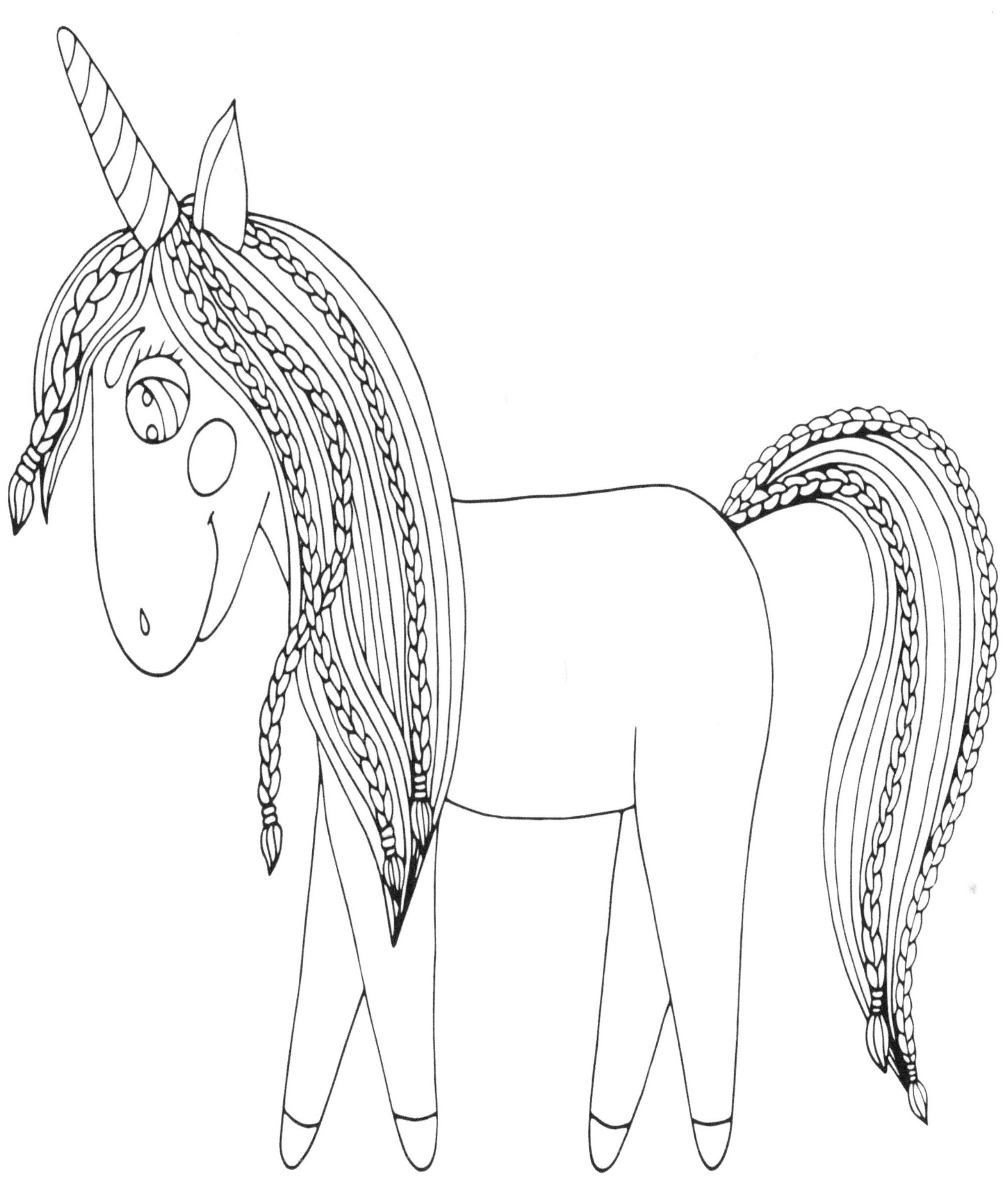

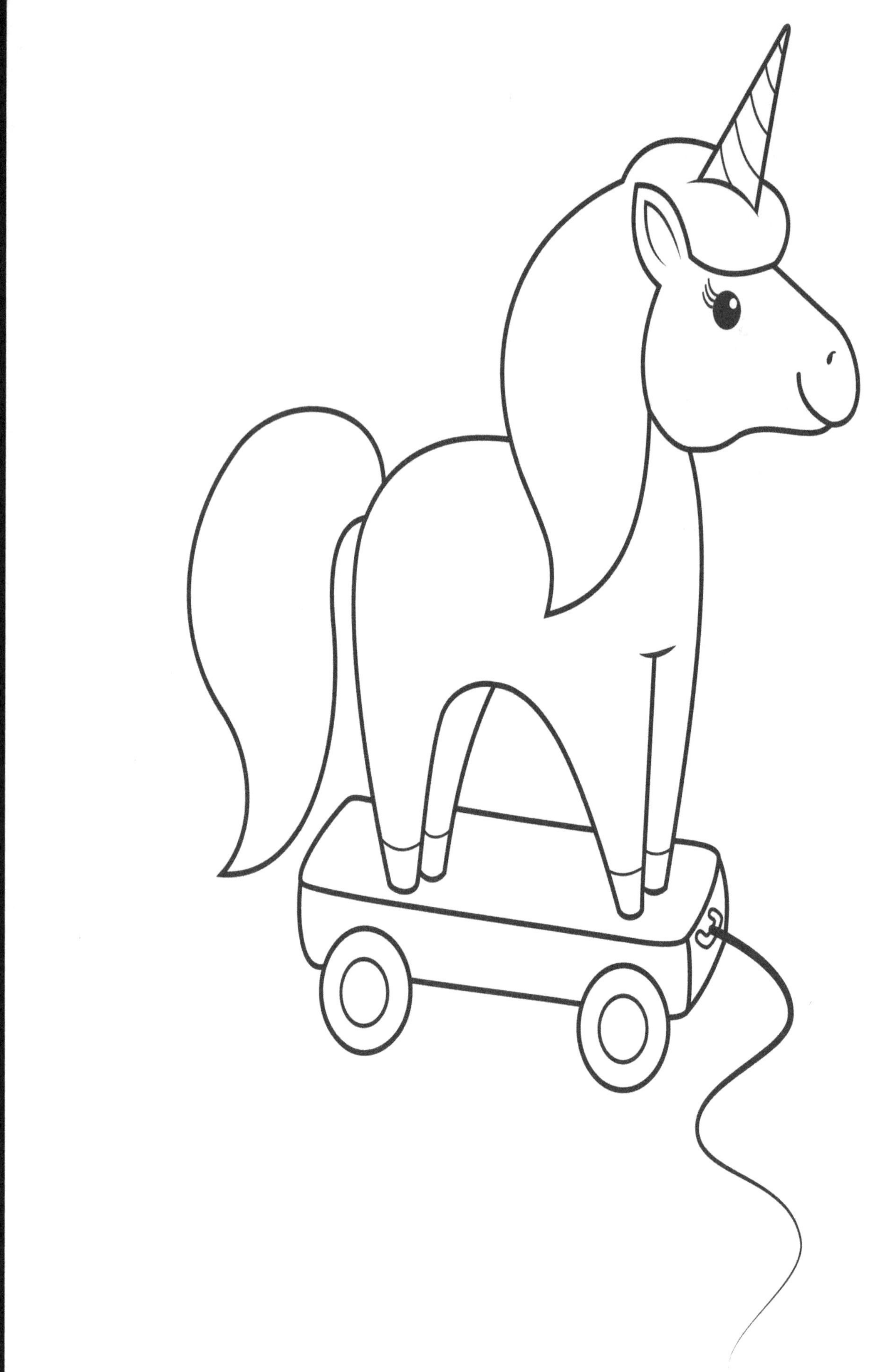

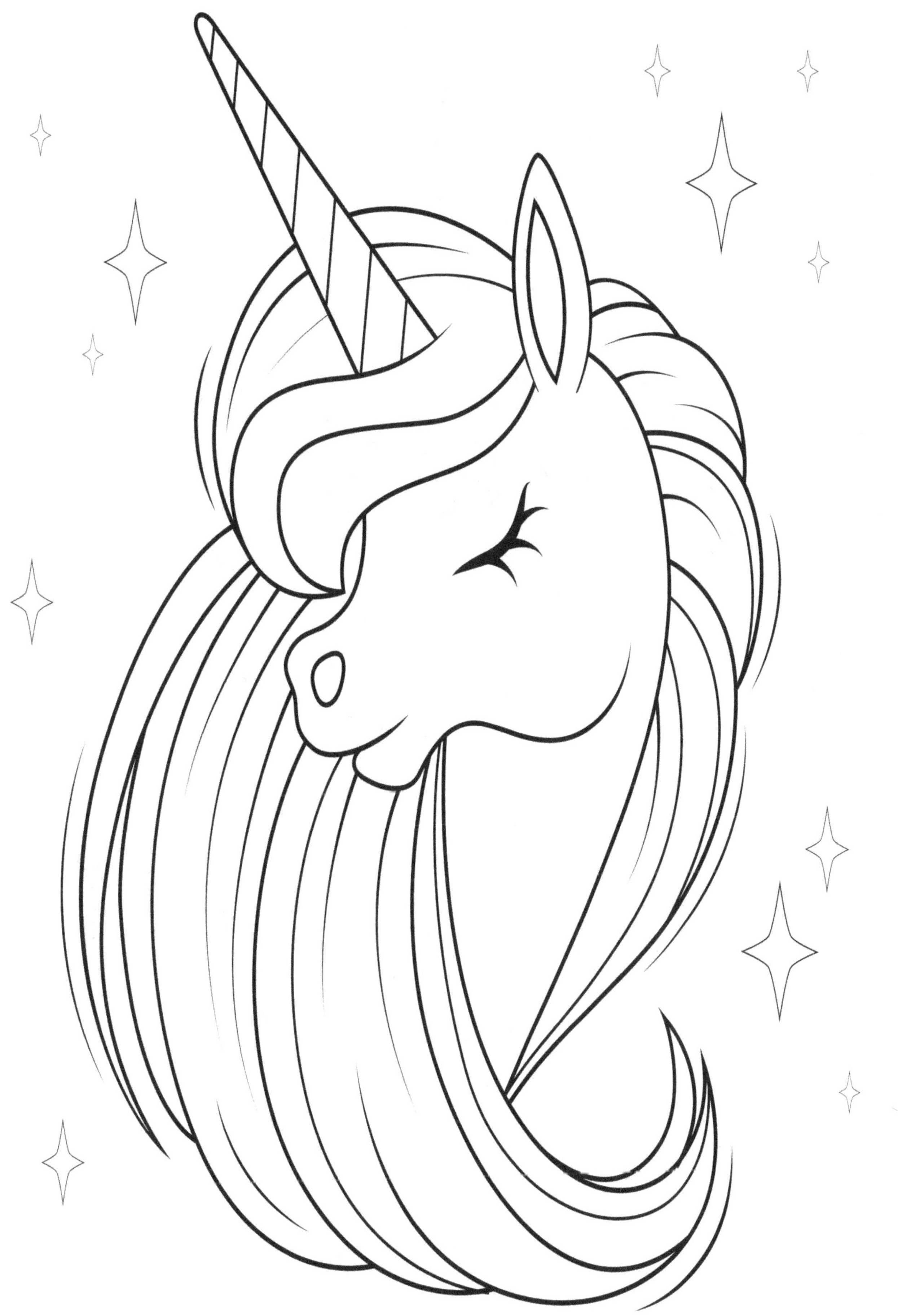

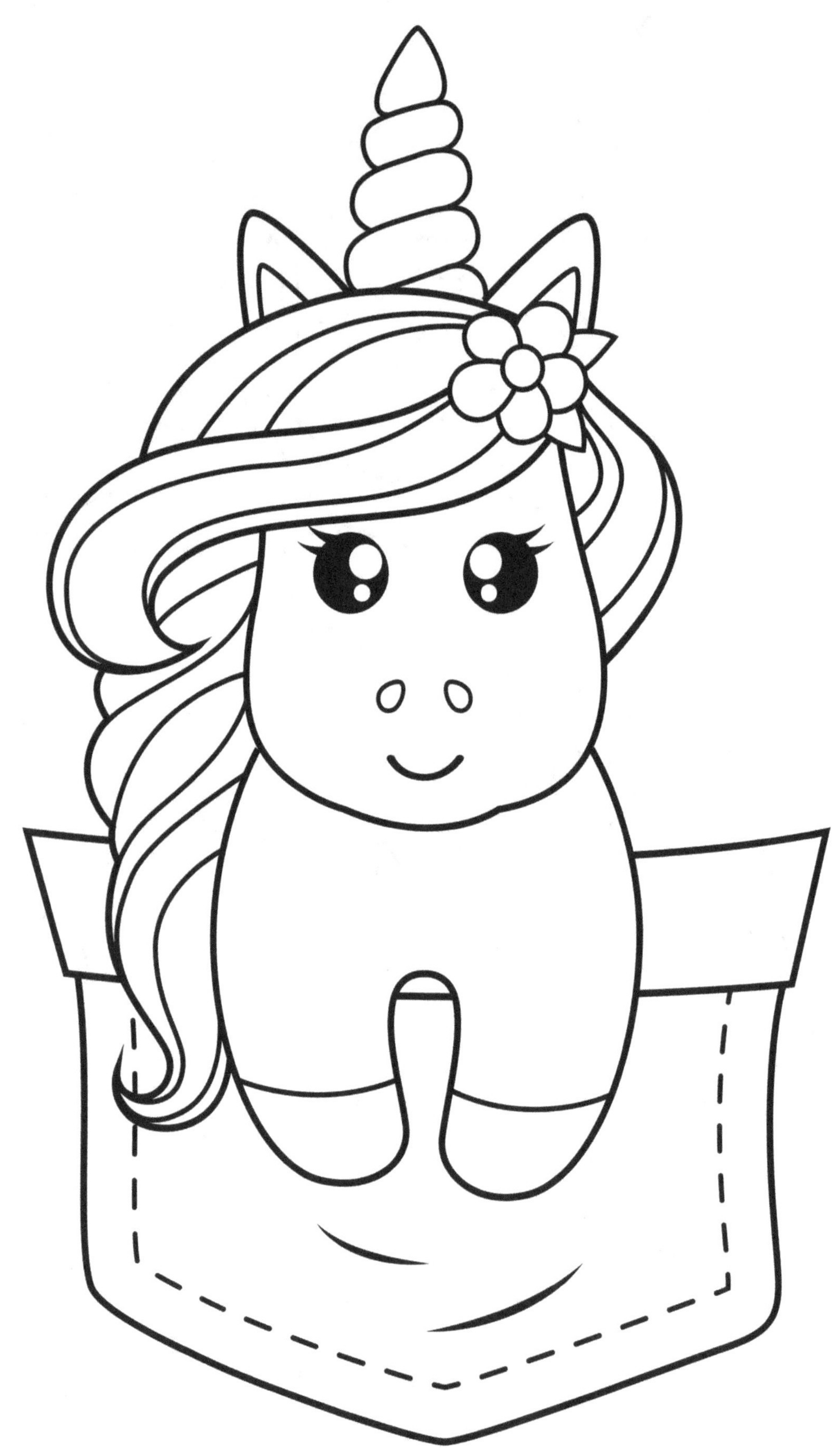

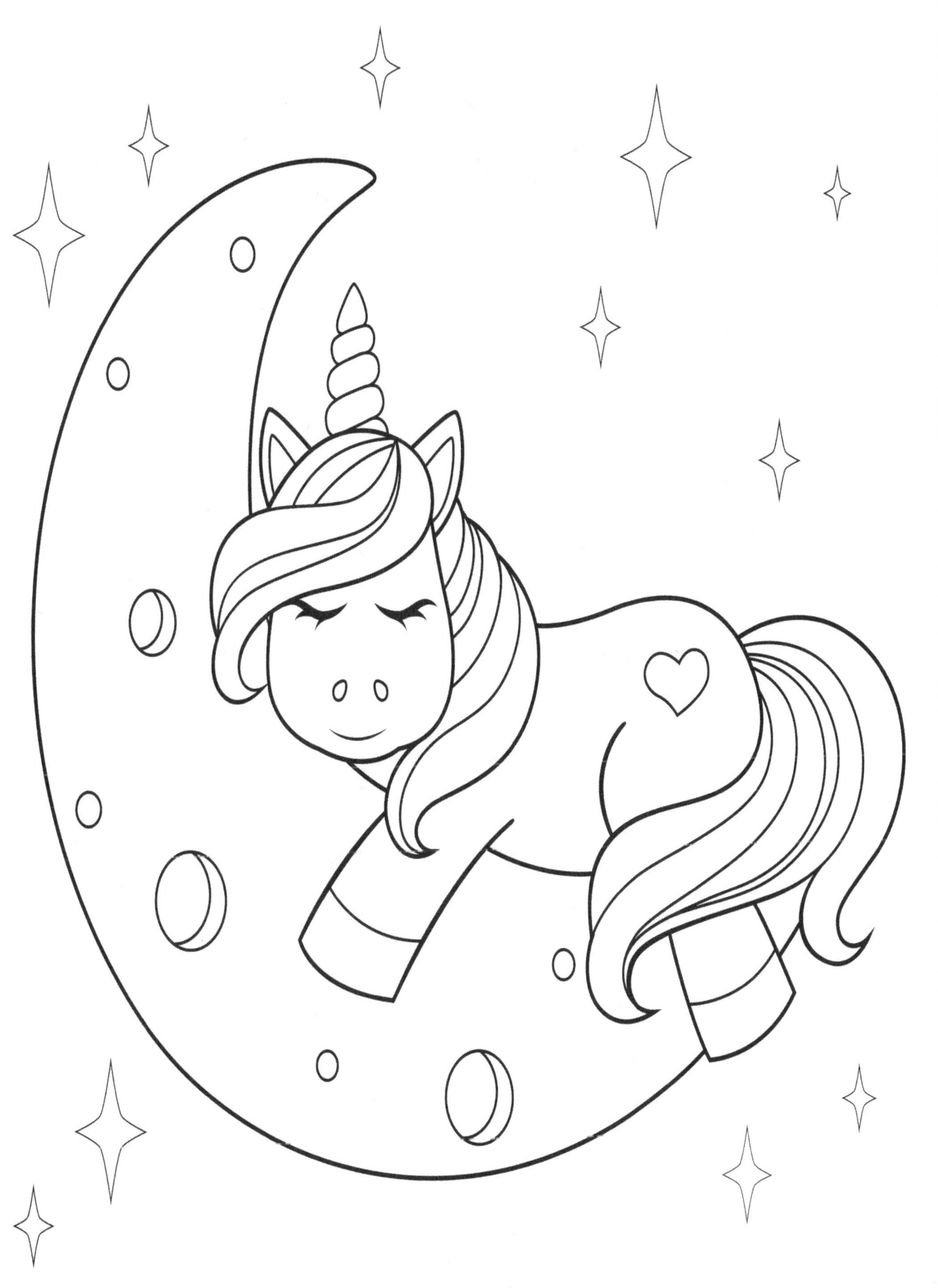

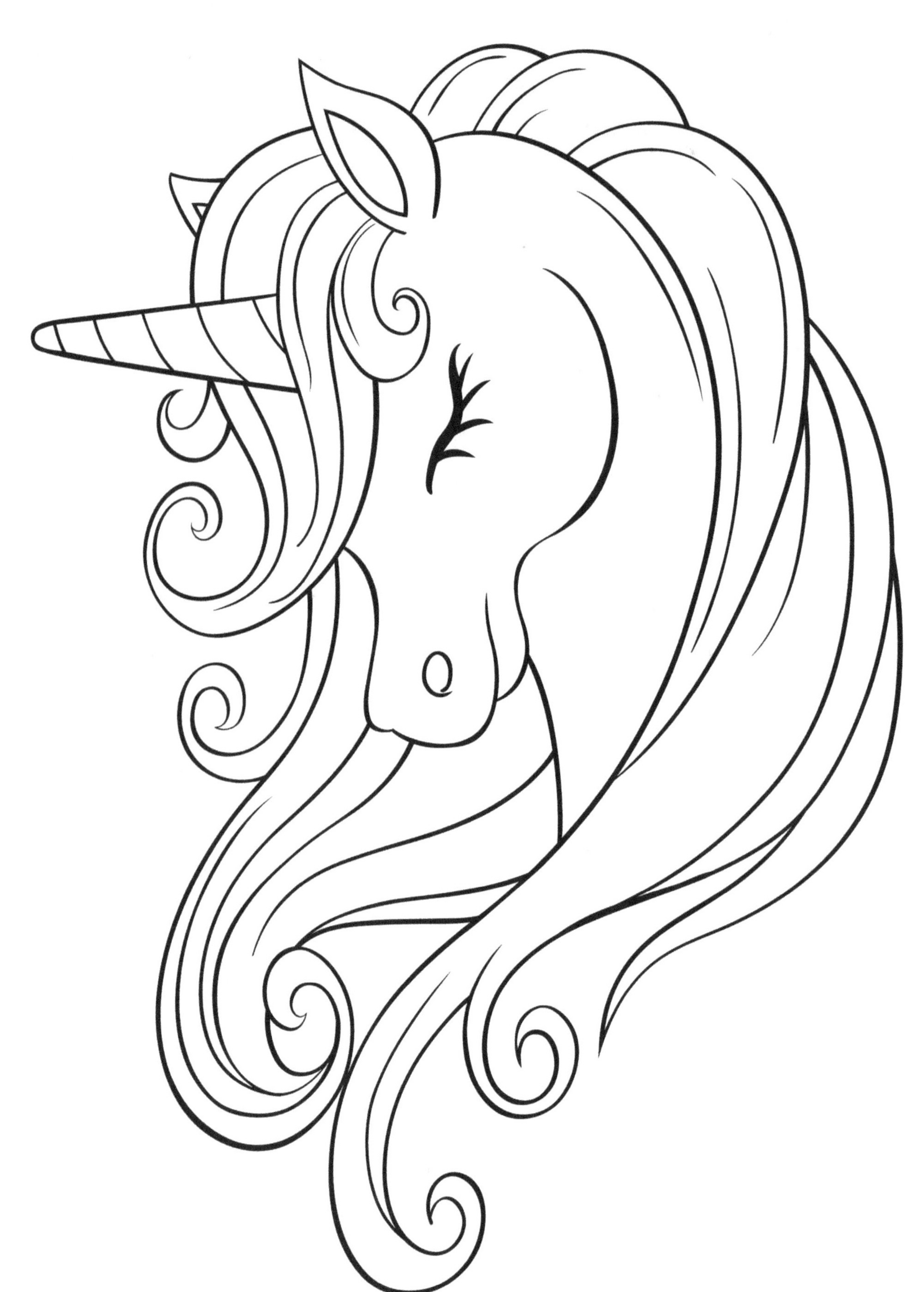

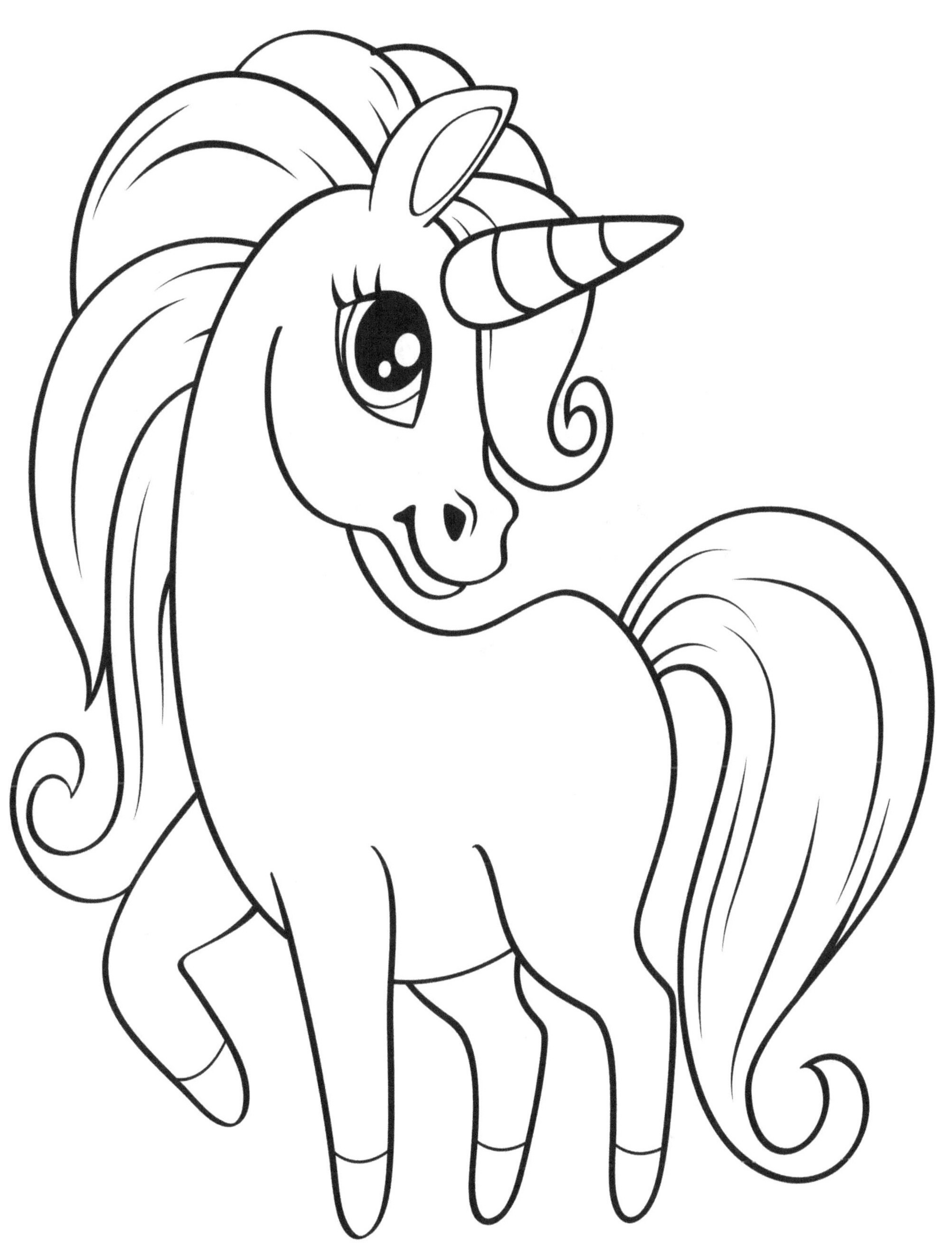

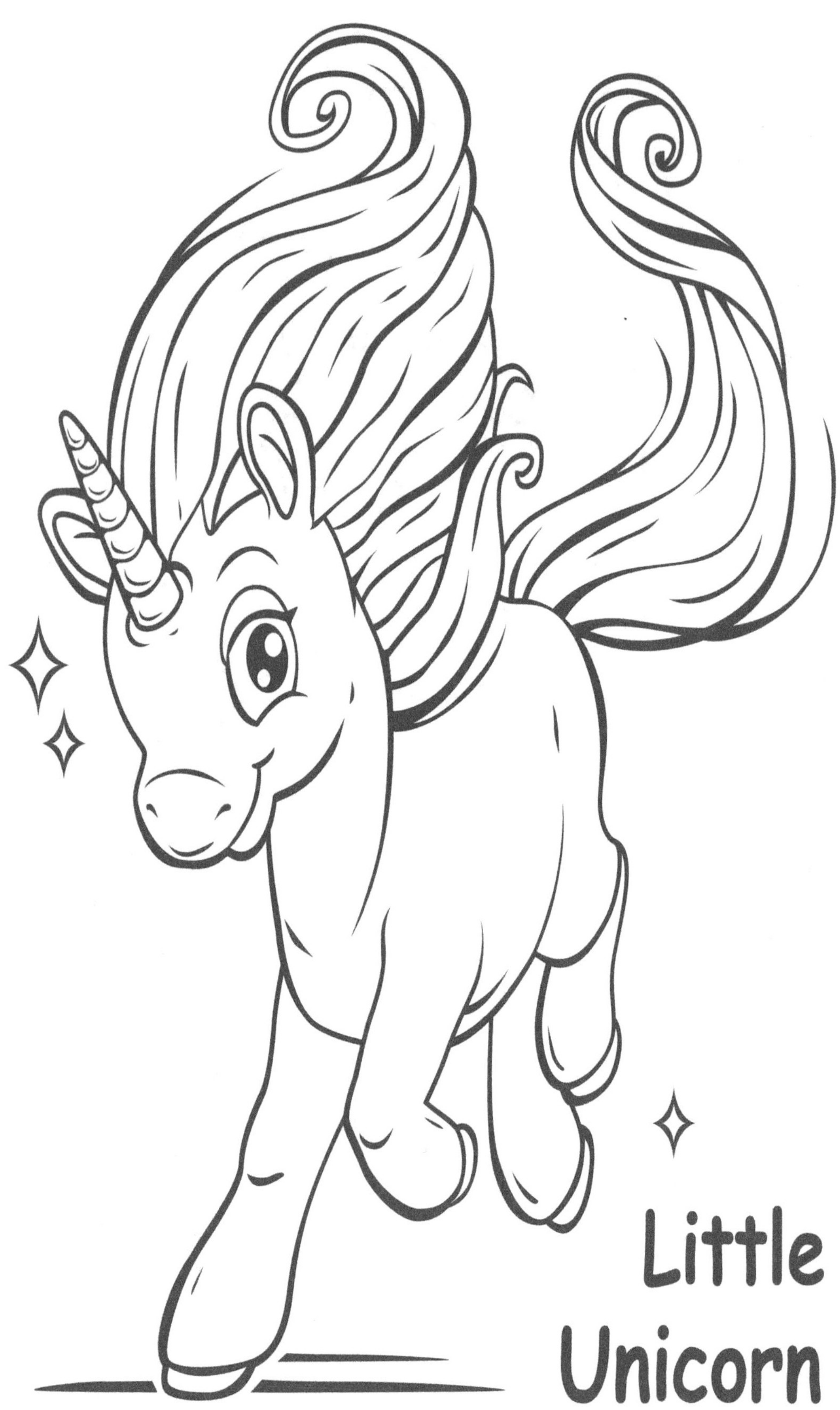

Little
Unicorn

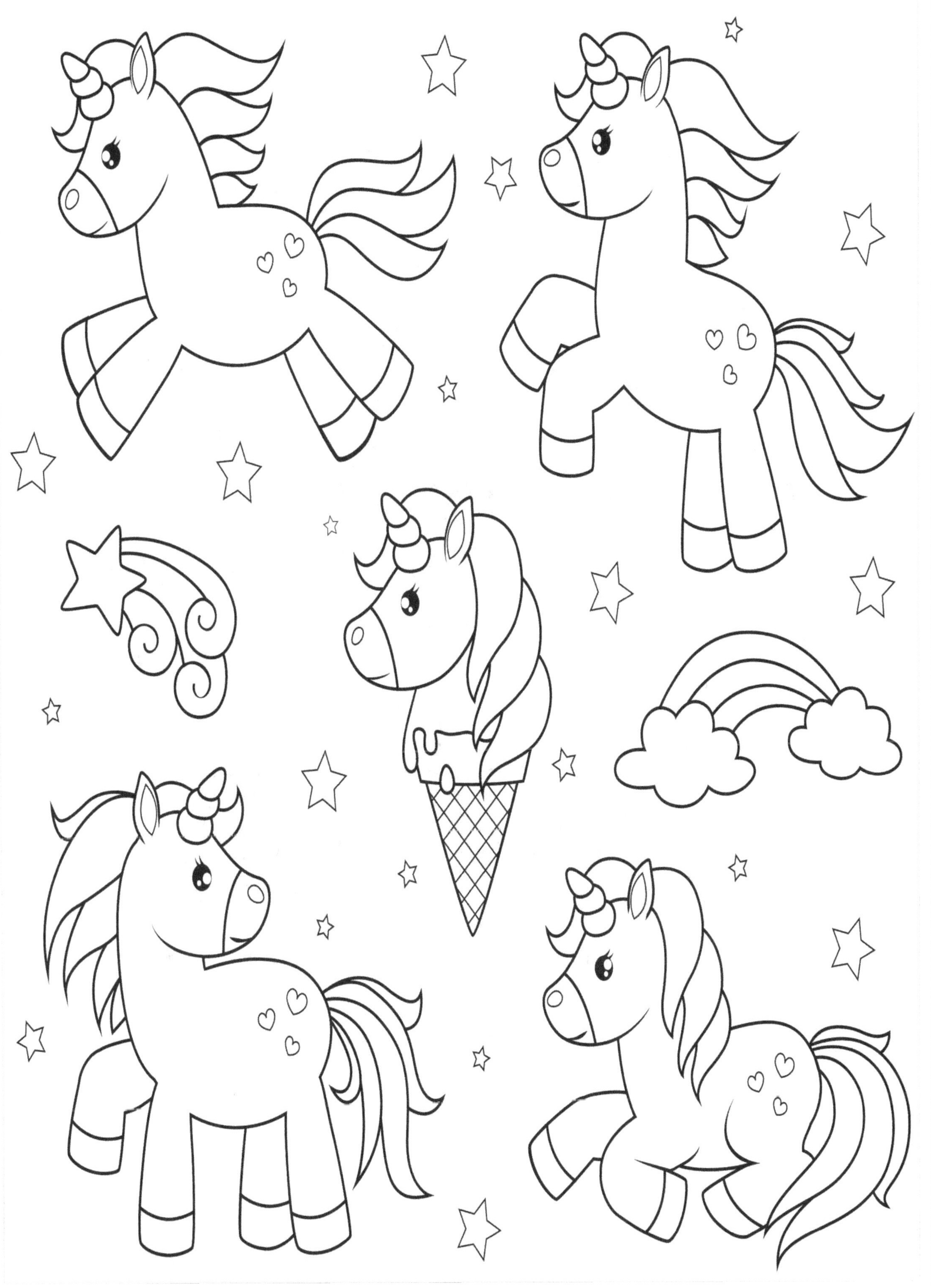

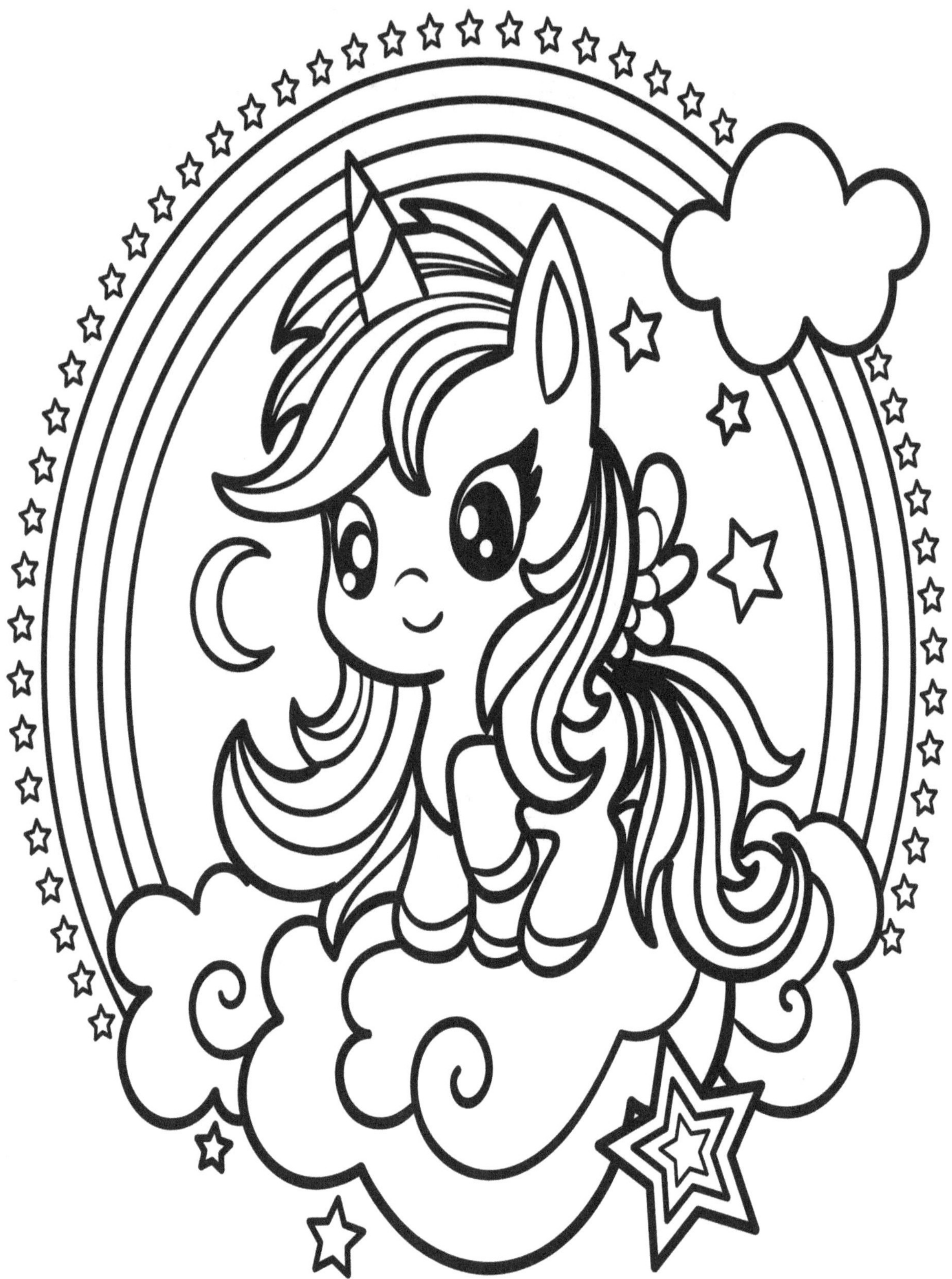

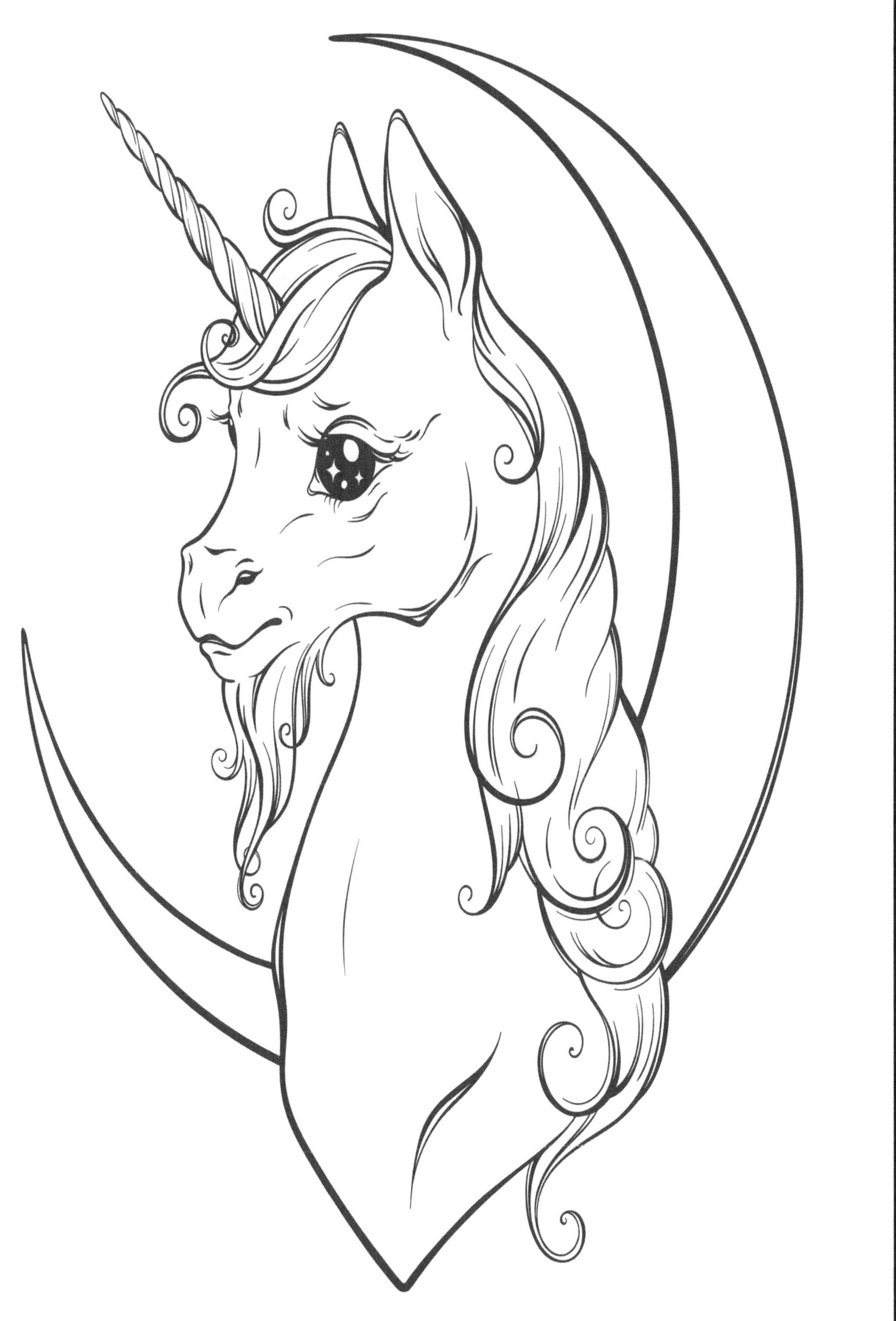

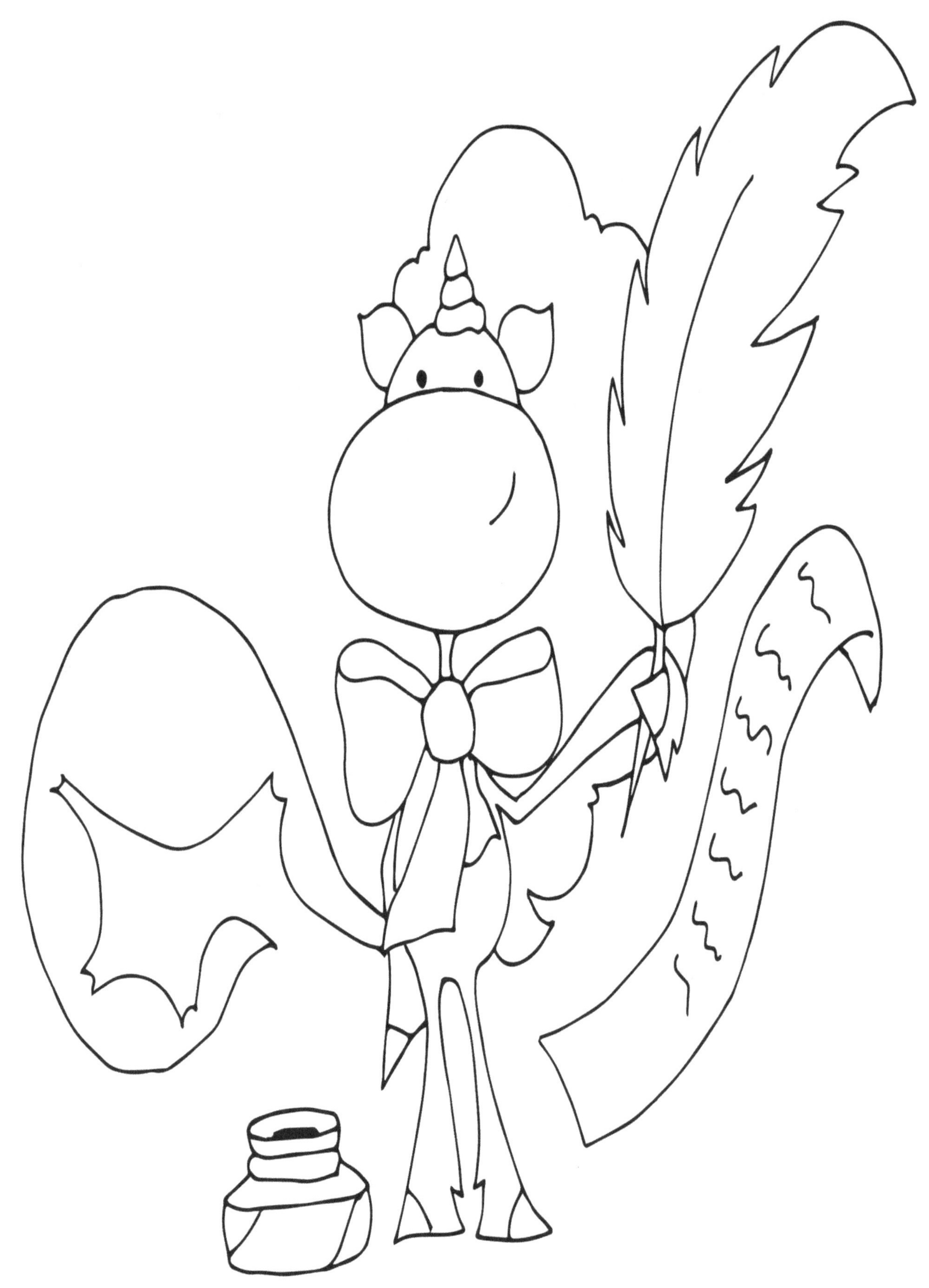

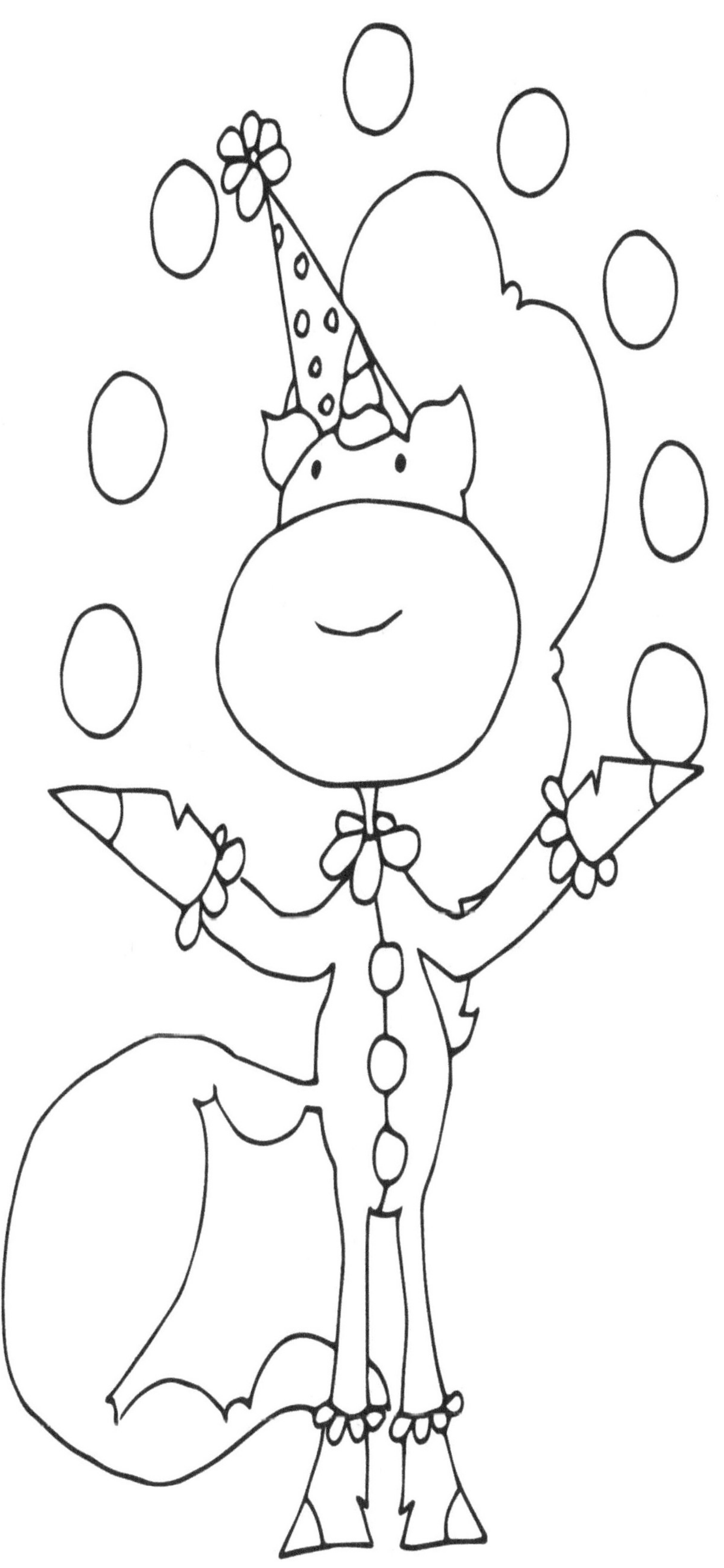

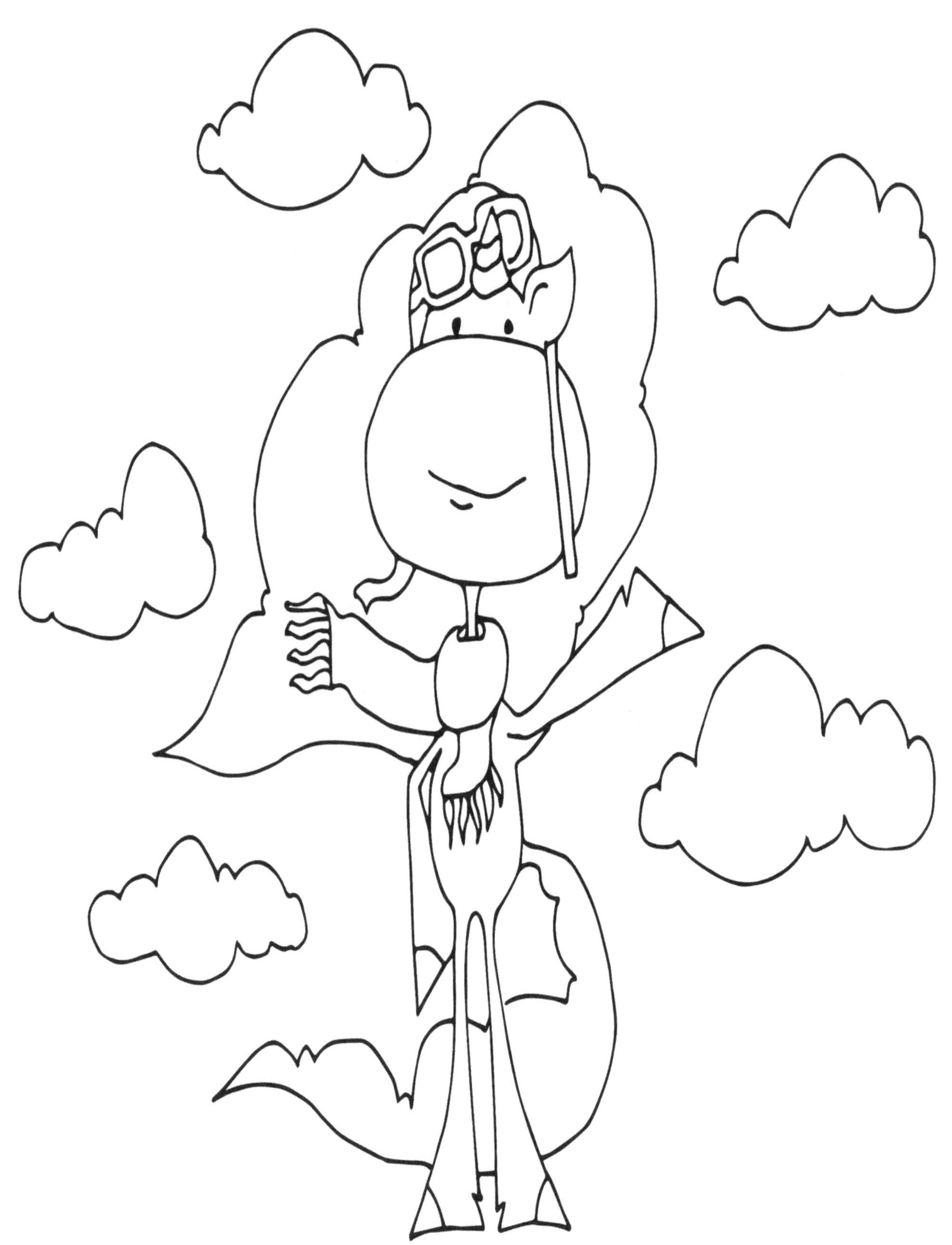

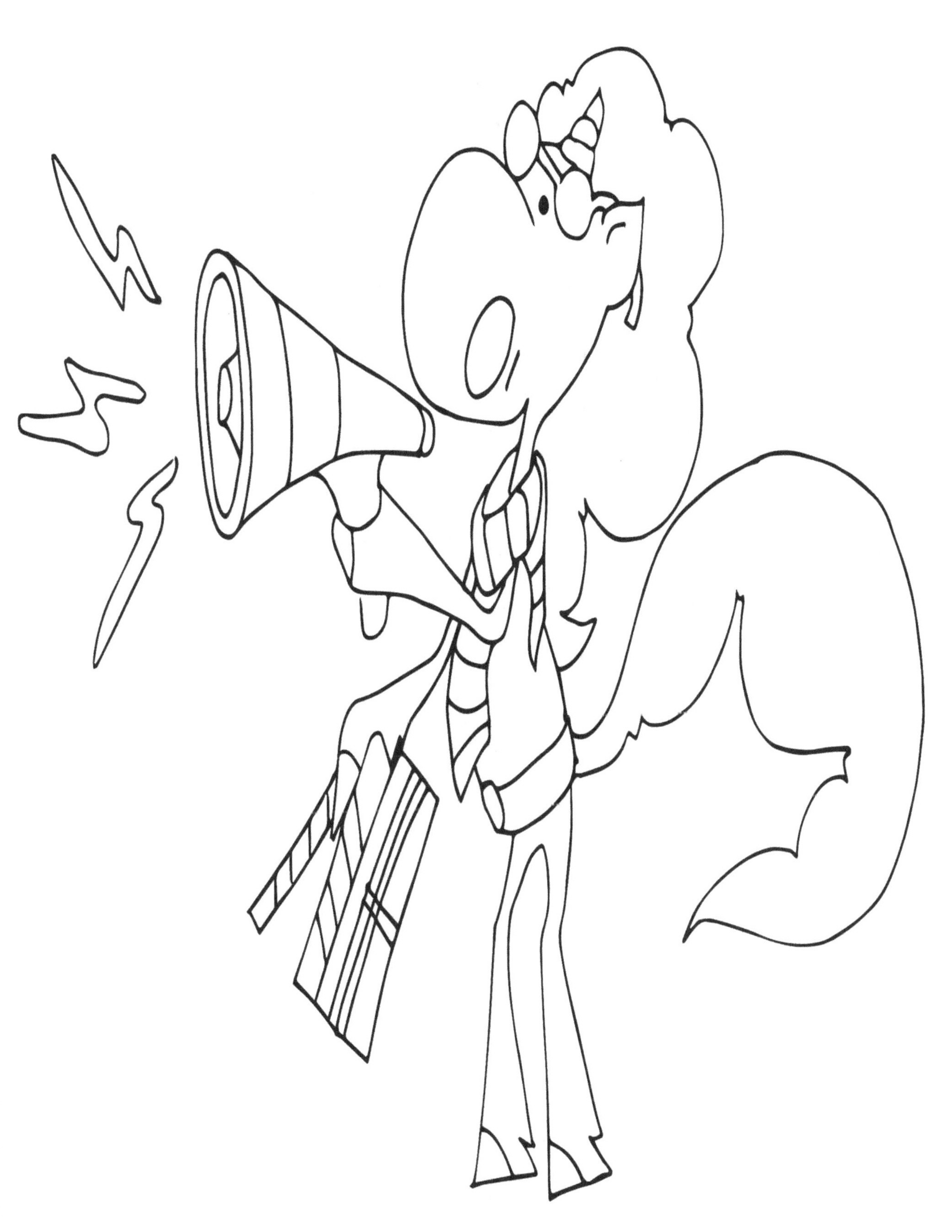

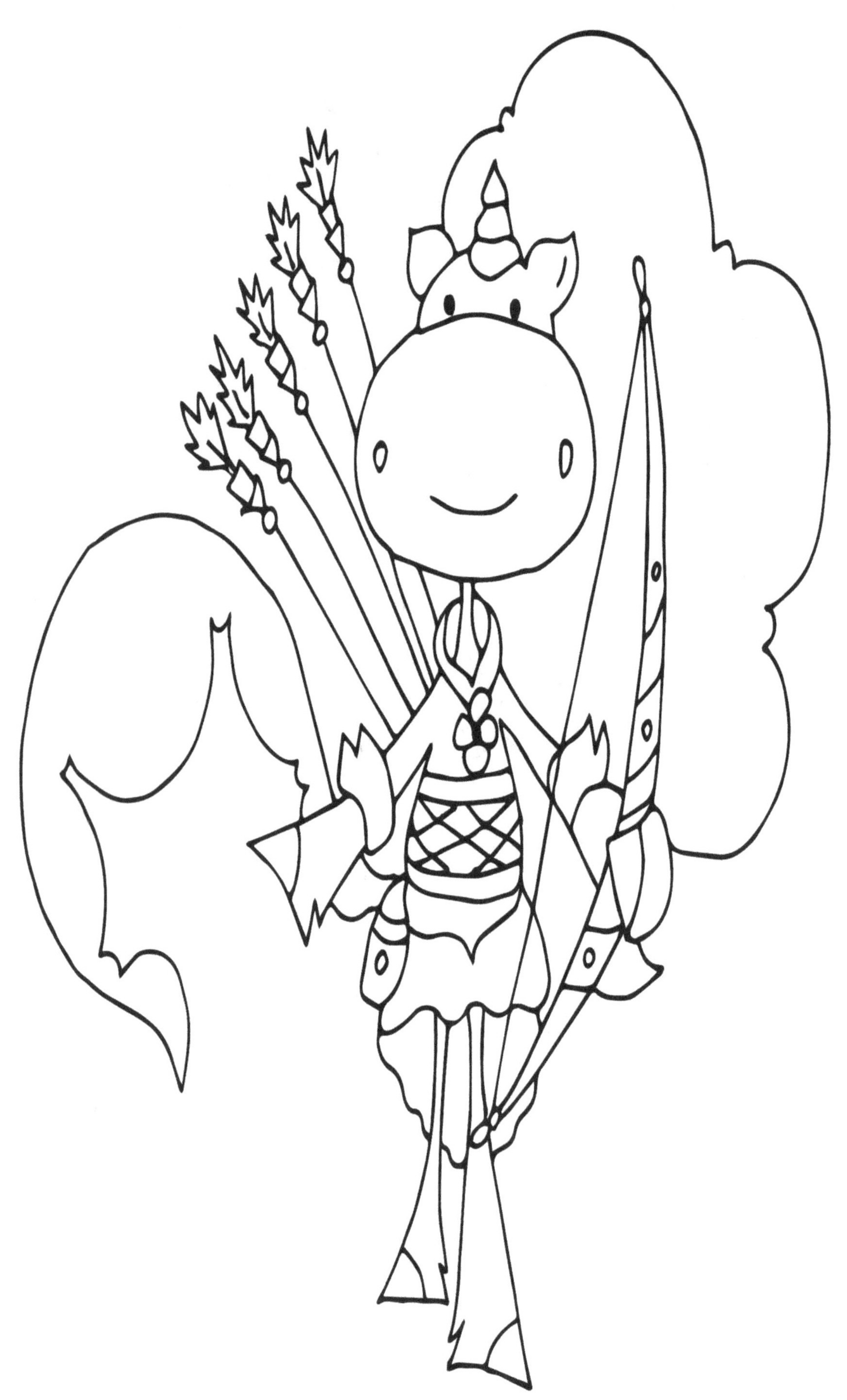

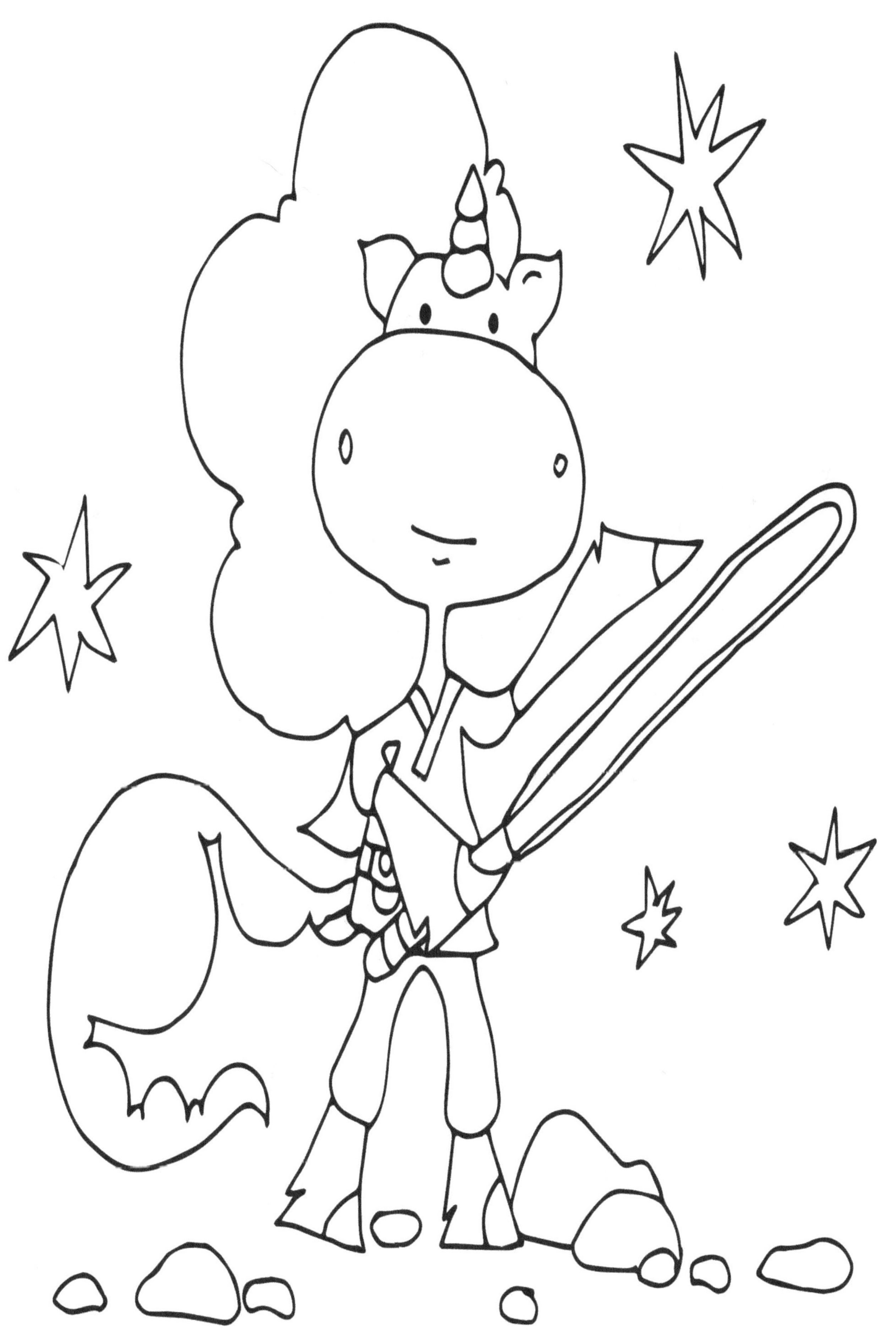

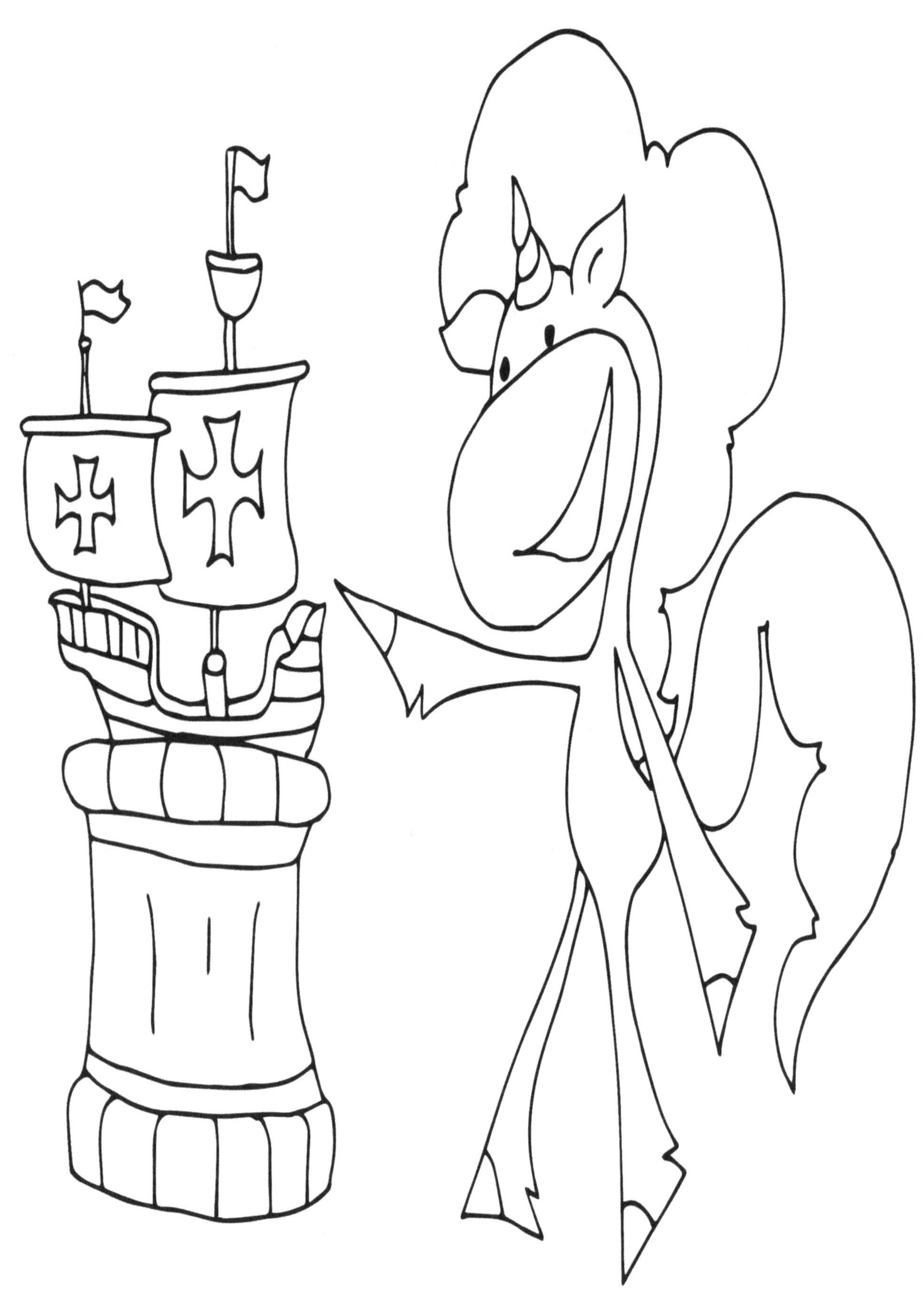

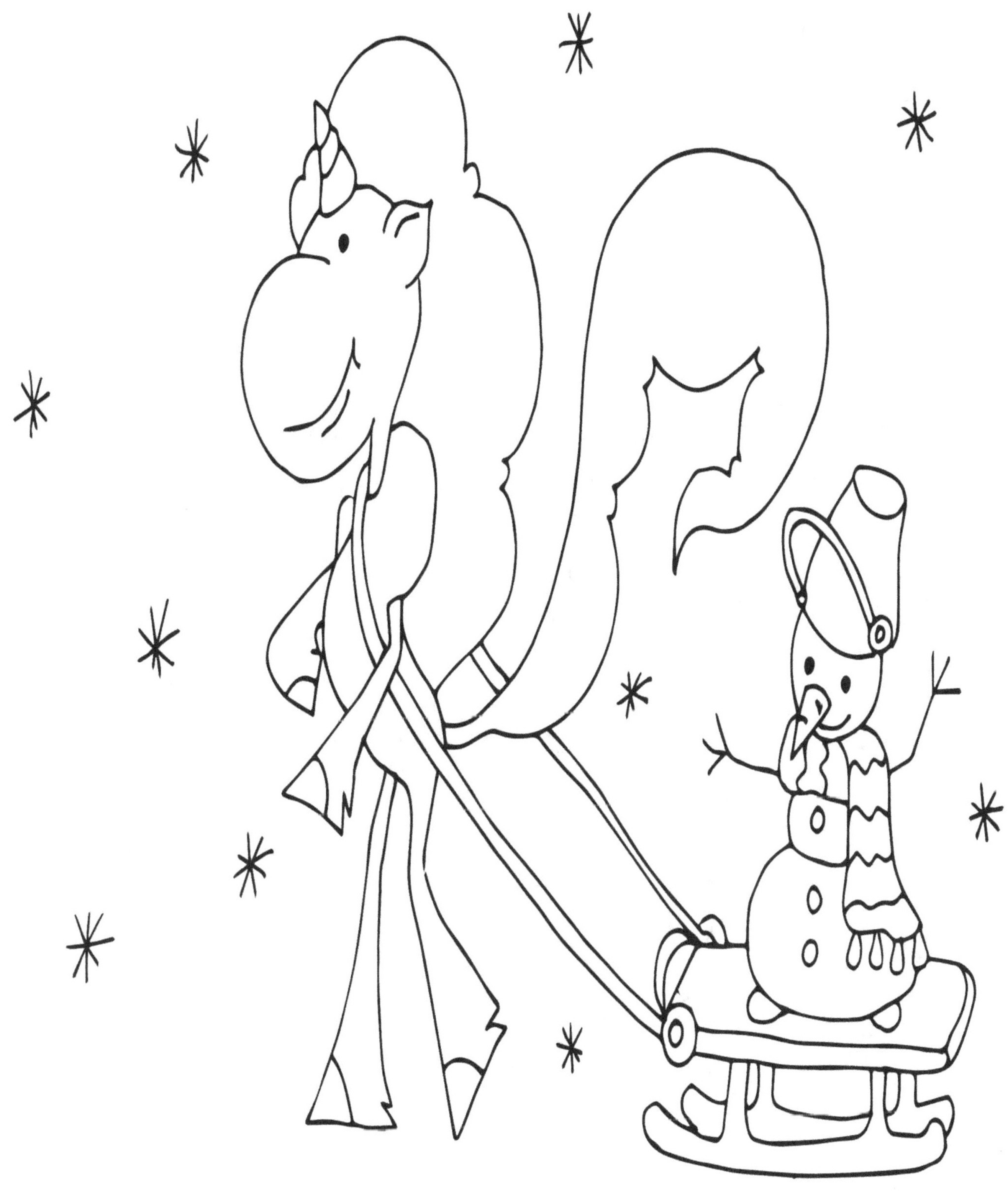

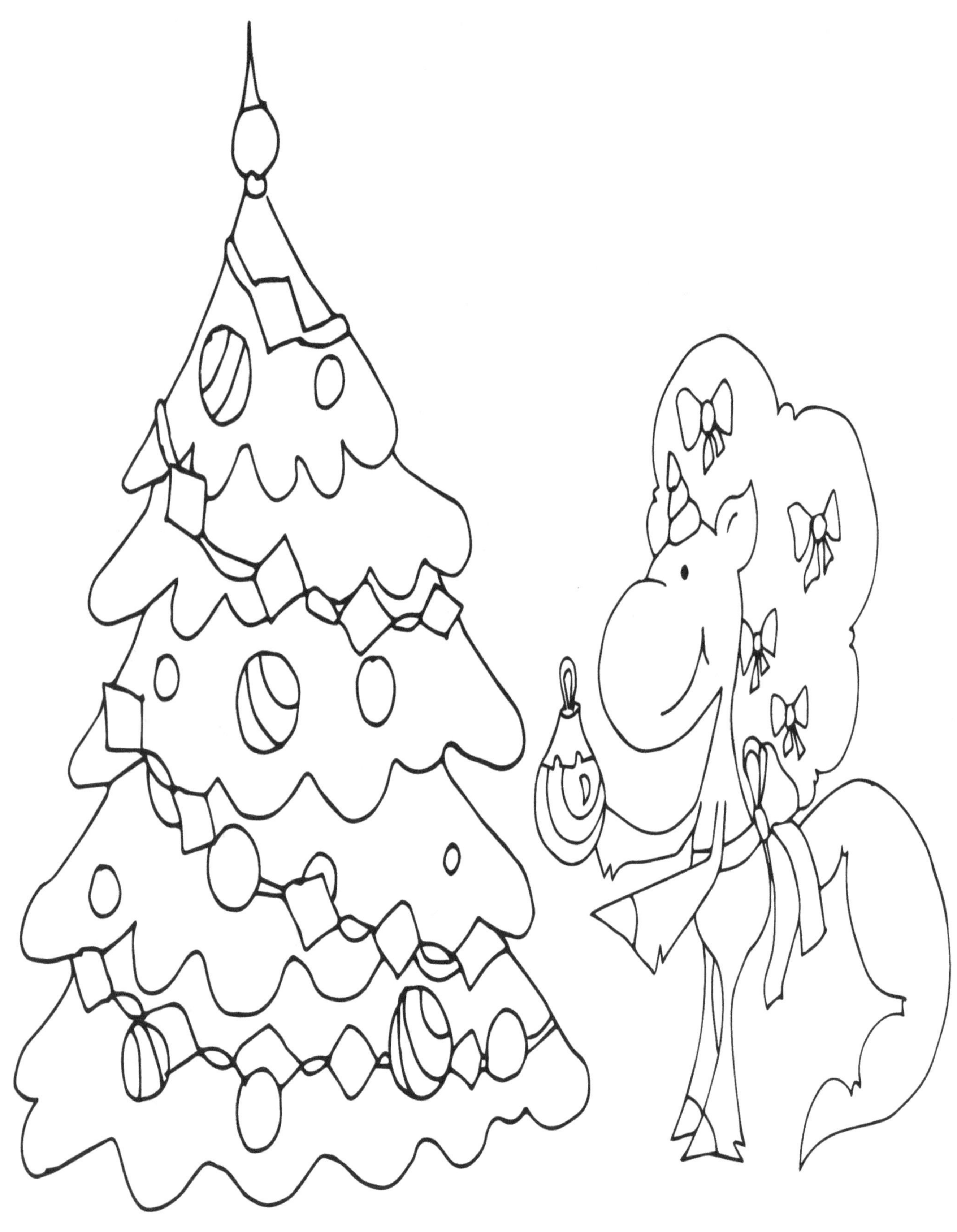

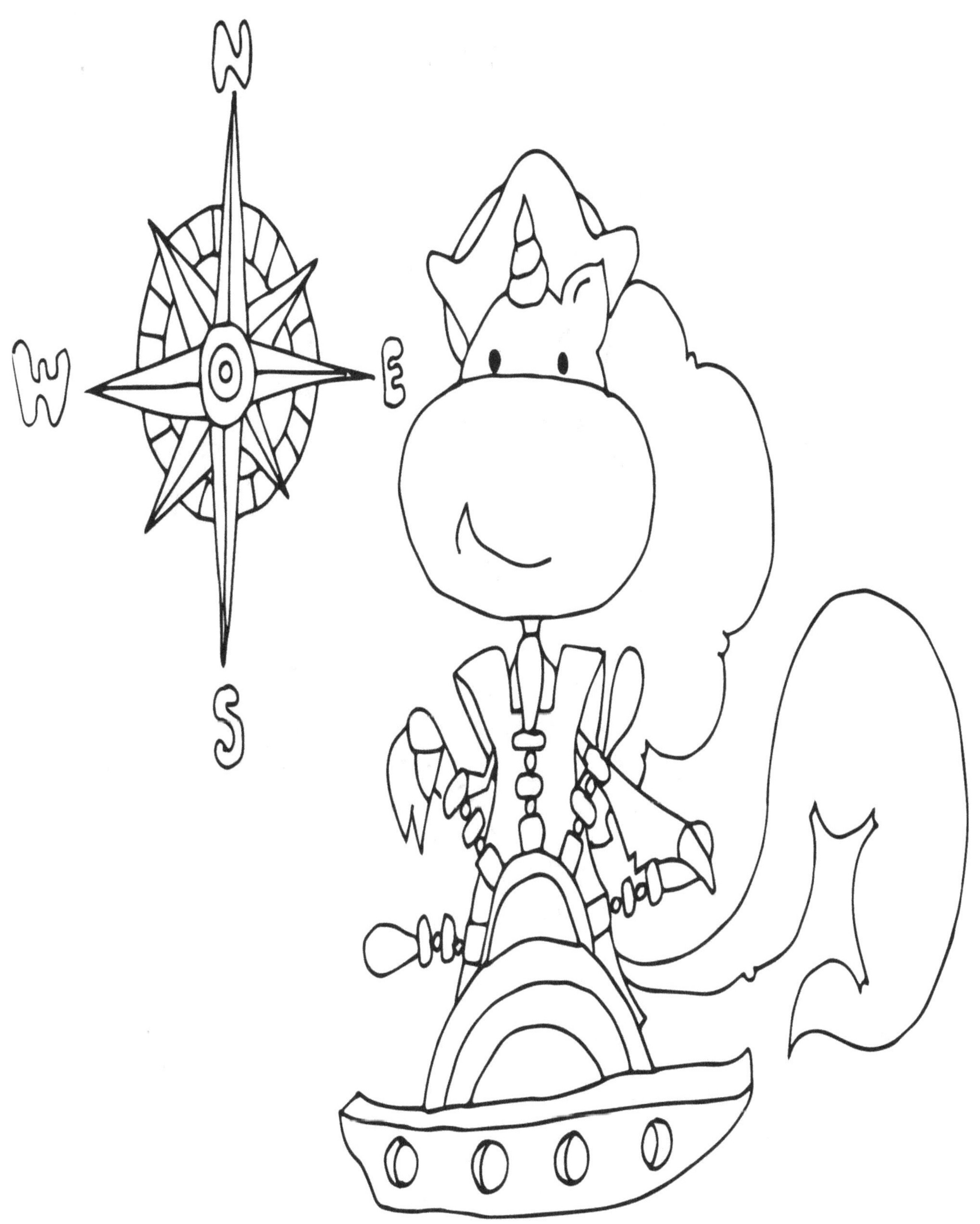

N
W
E
S

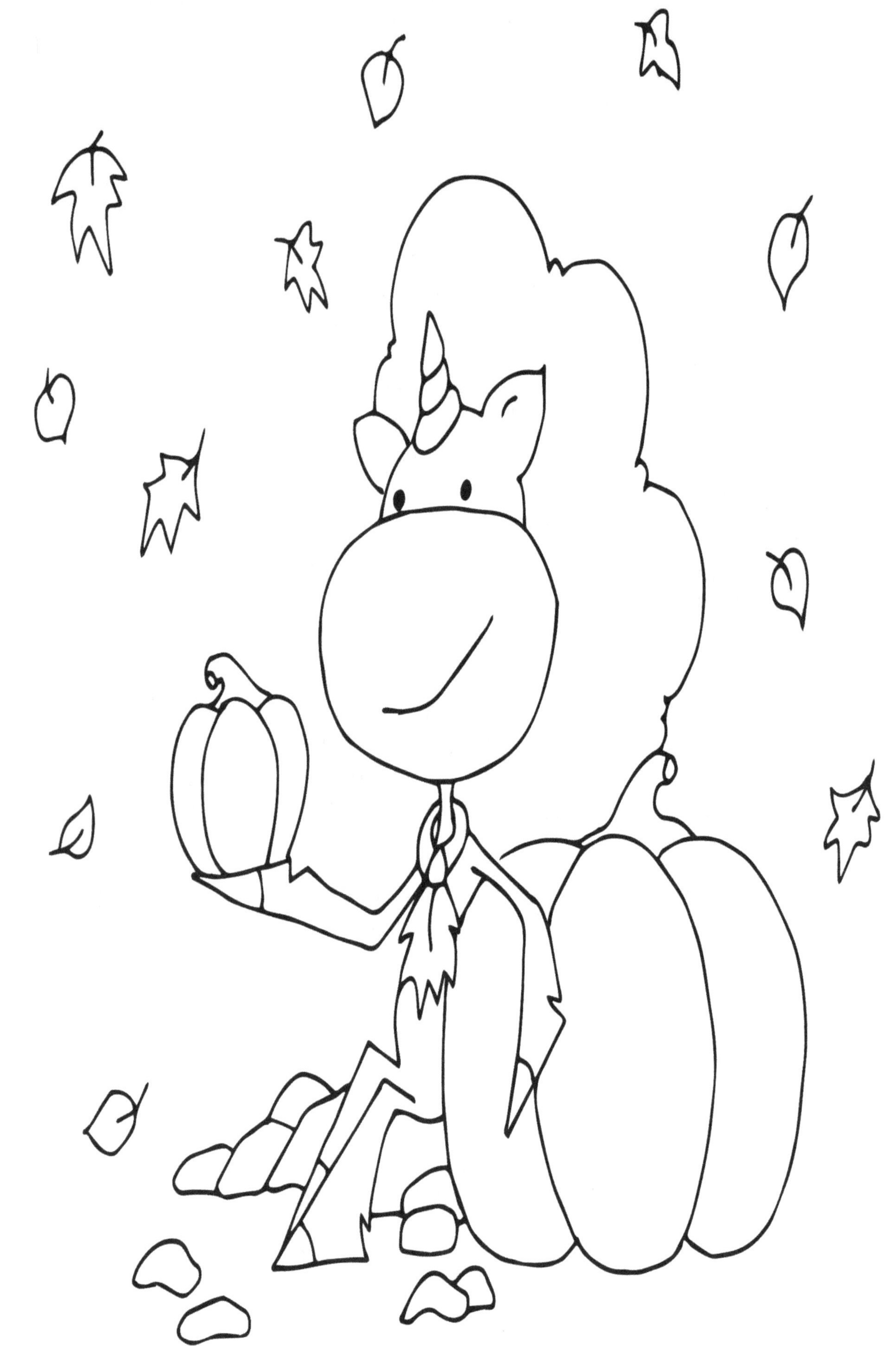

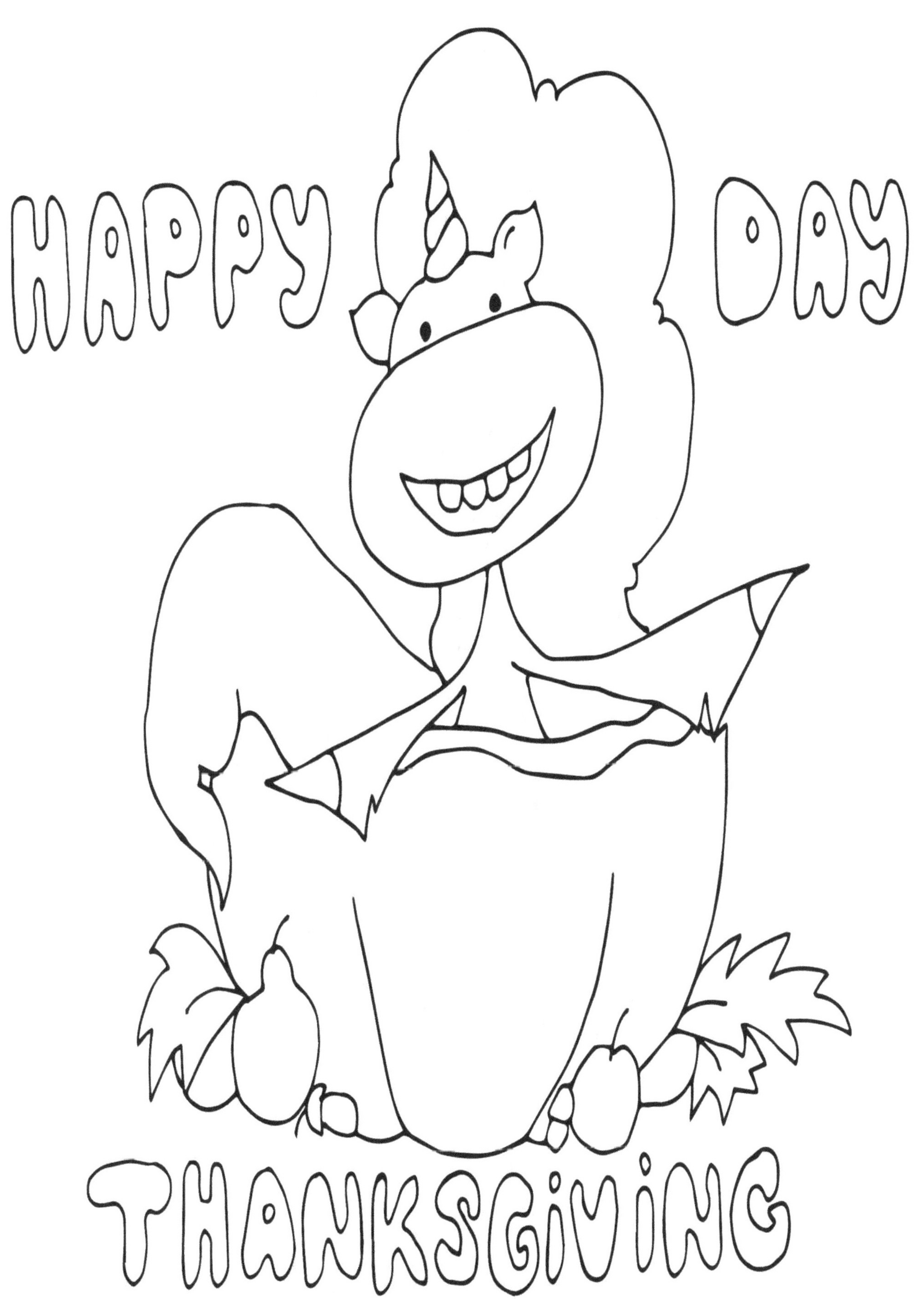

HAPPY   DAY
THANKSGIVING

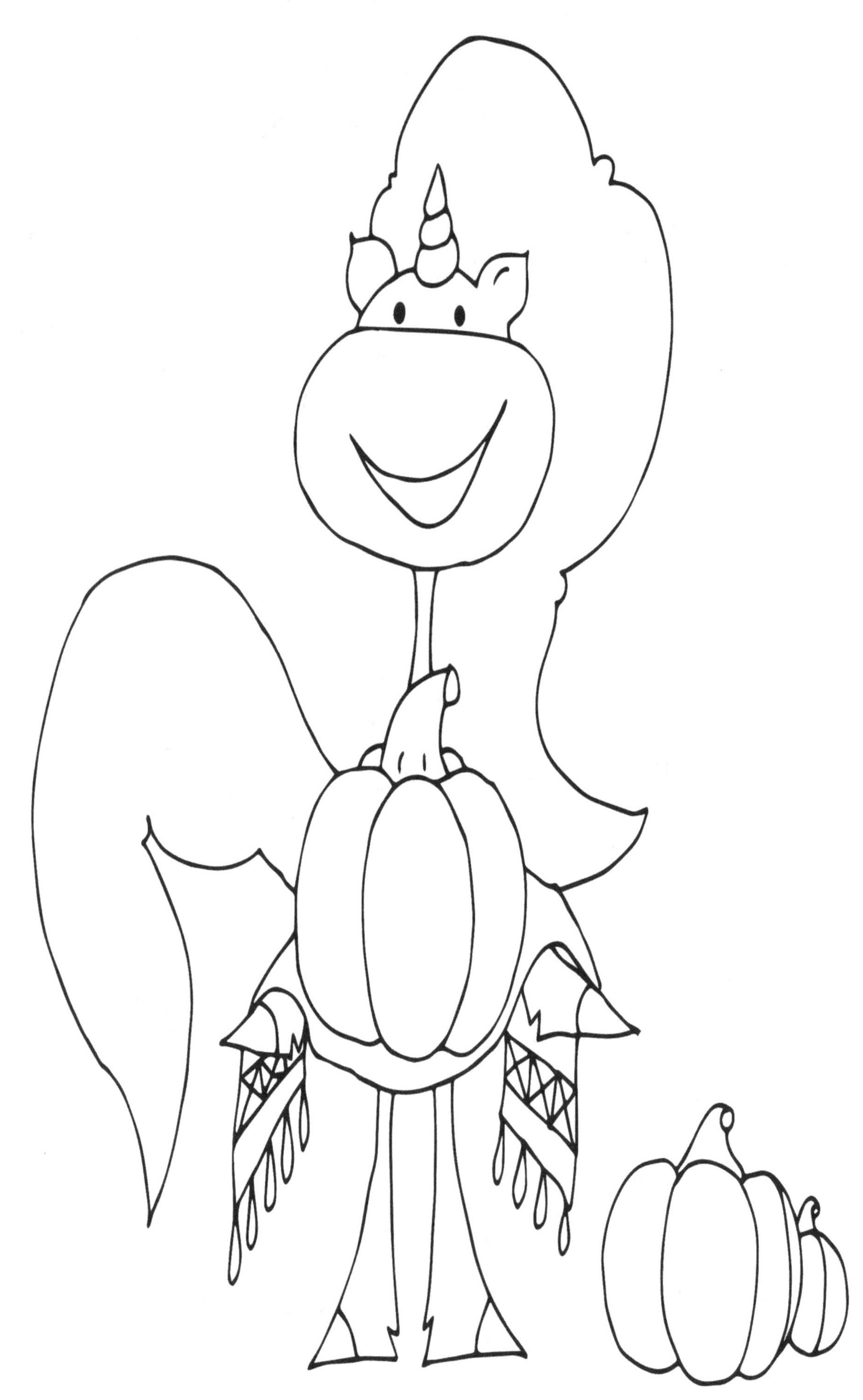

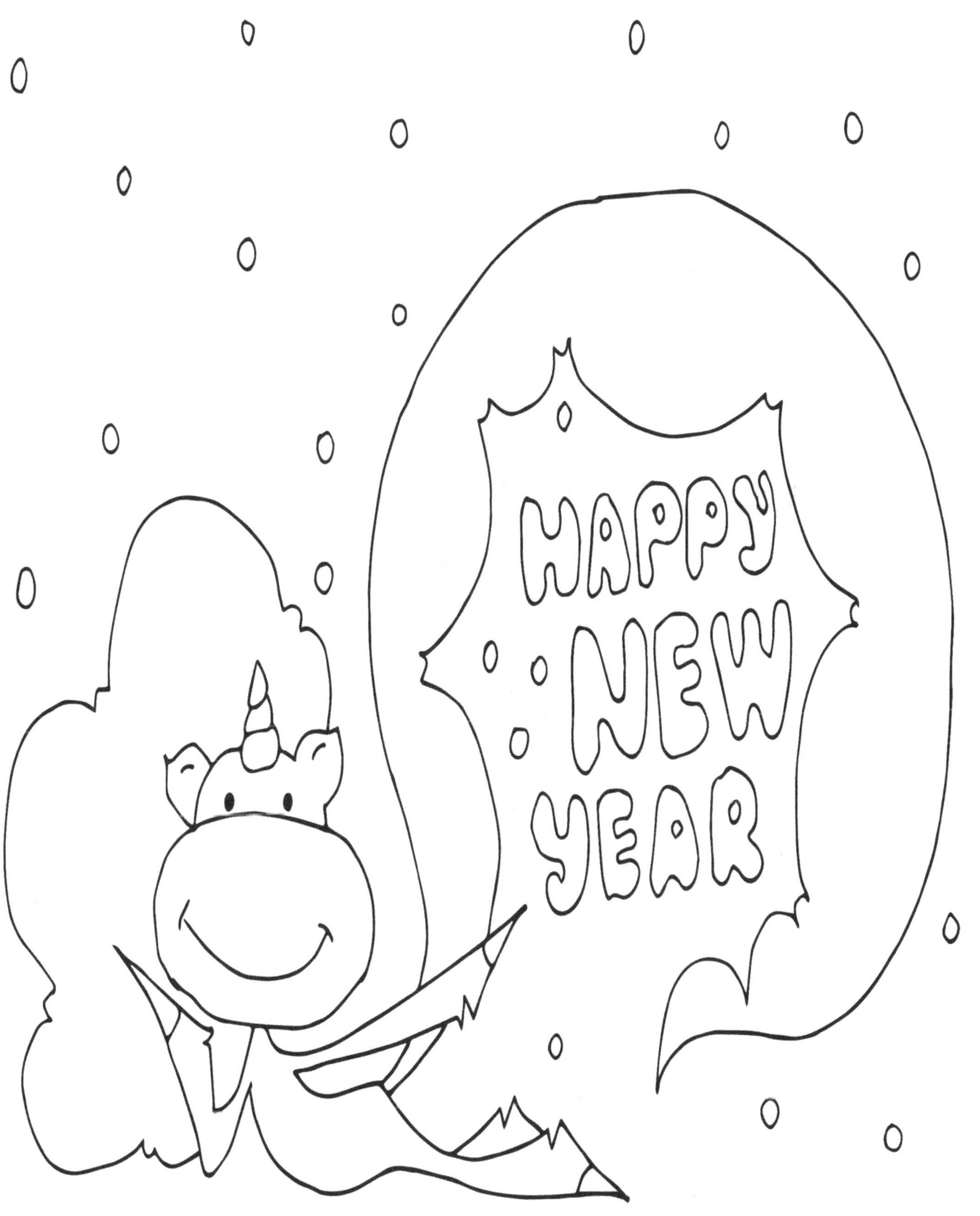

HAPPY
NEW
YEAR

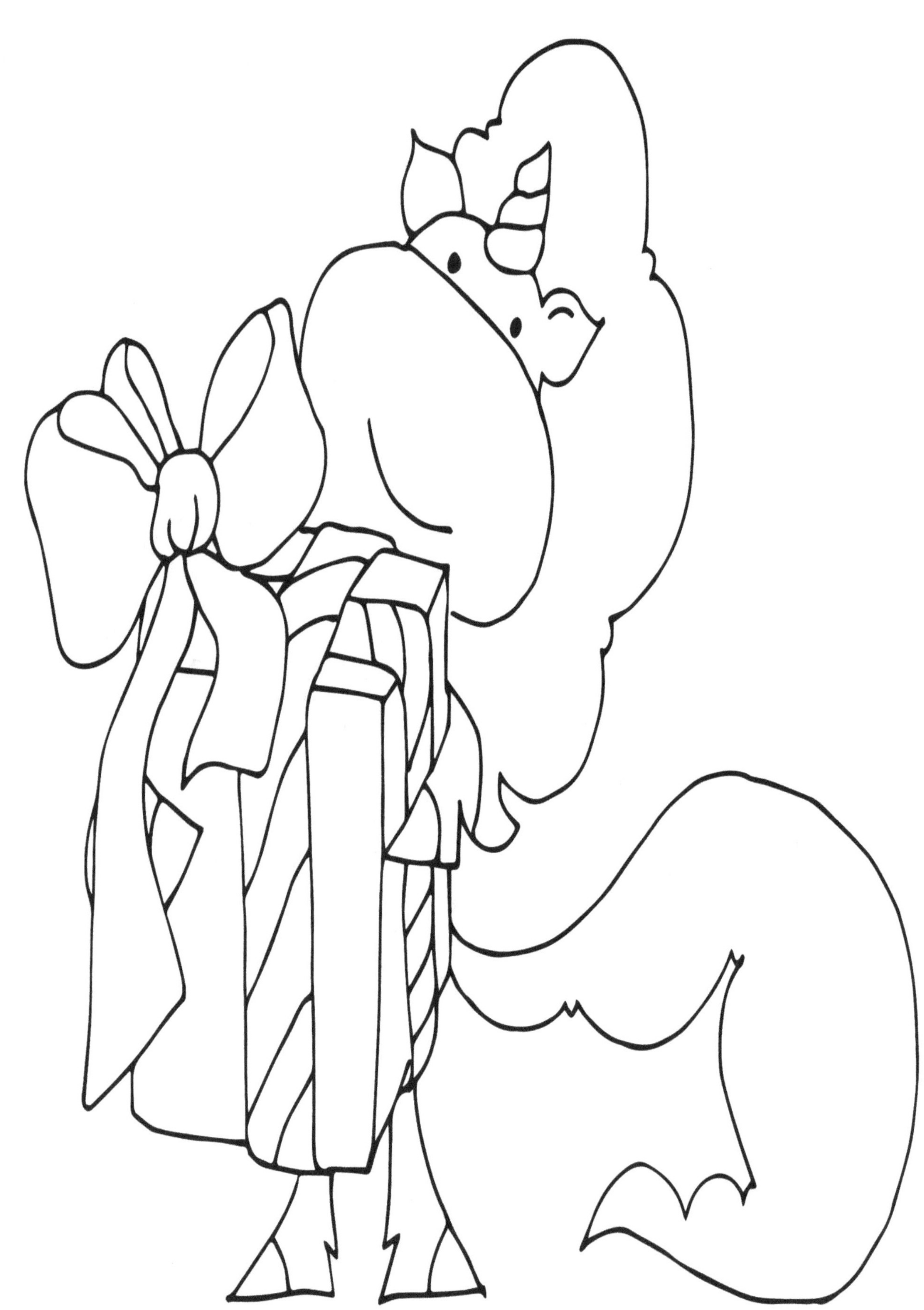

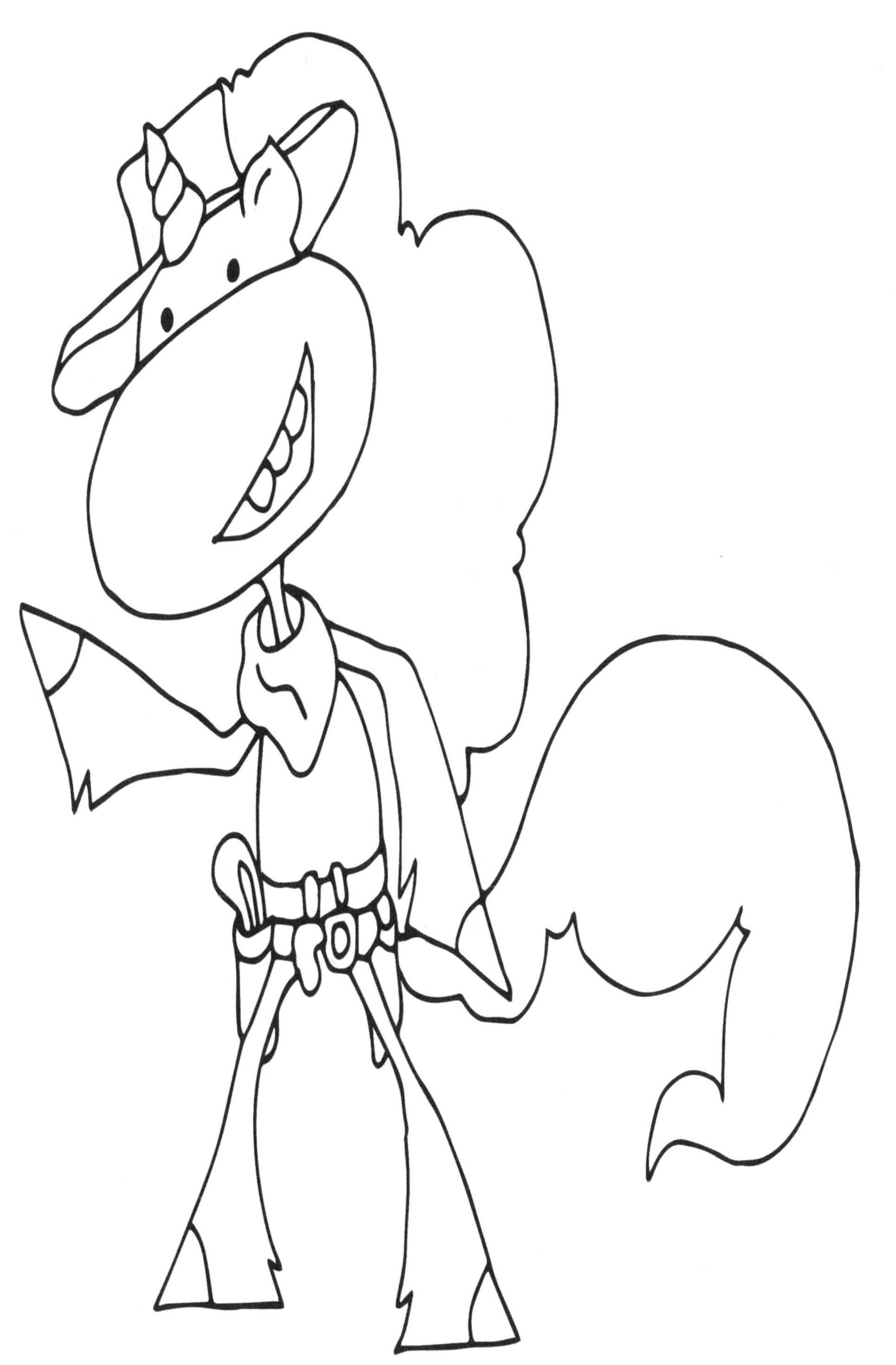

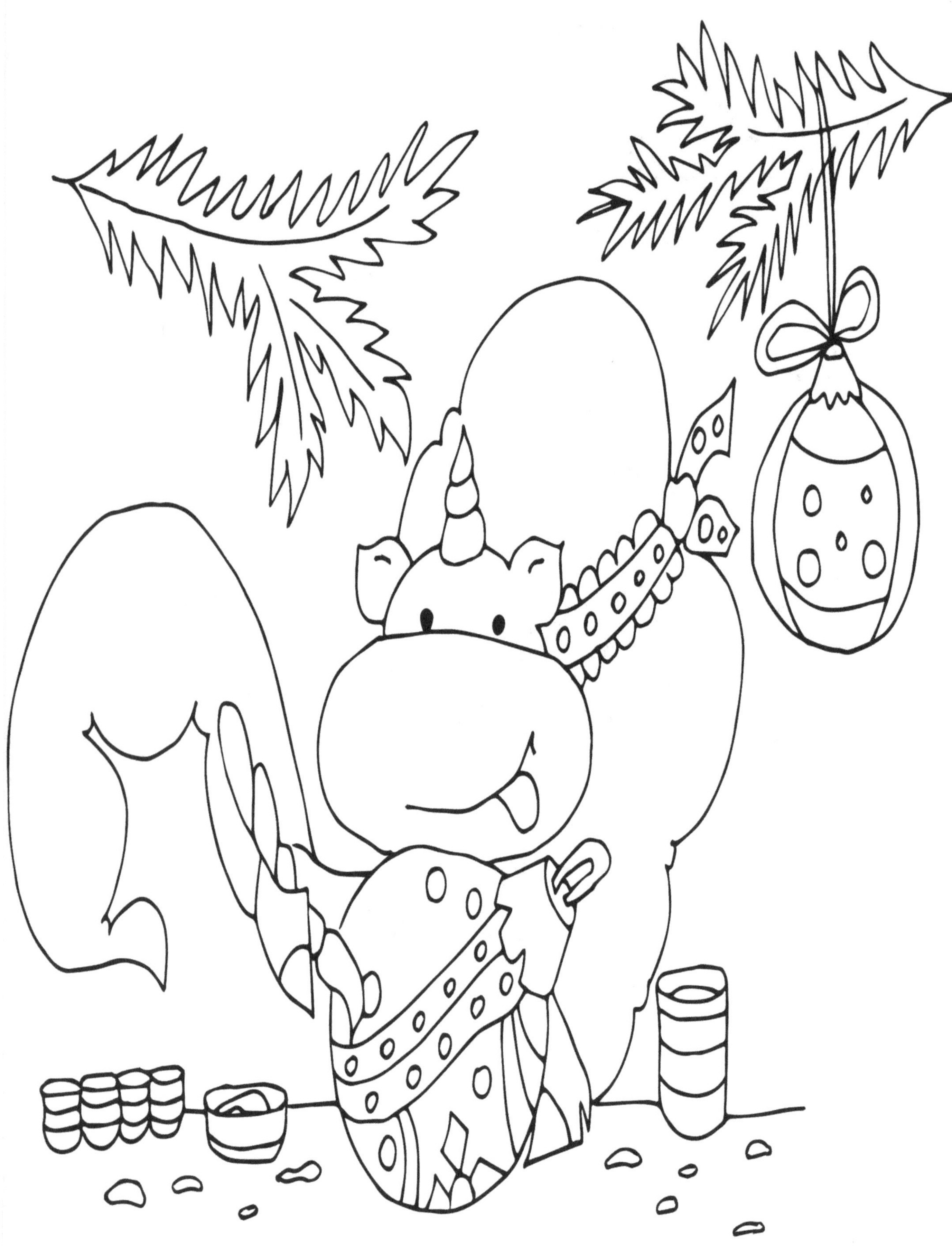

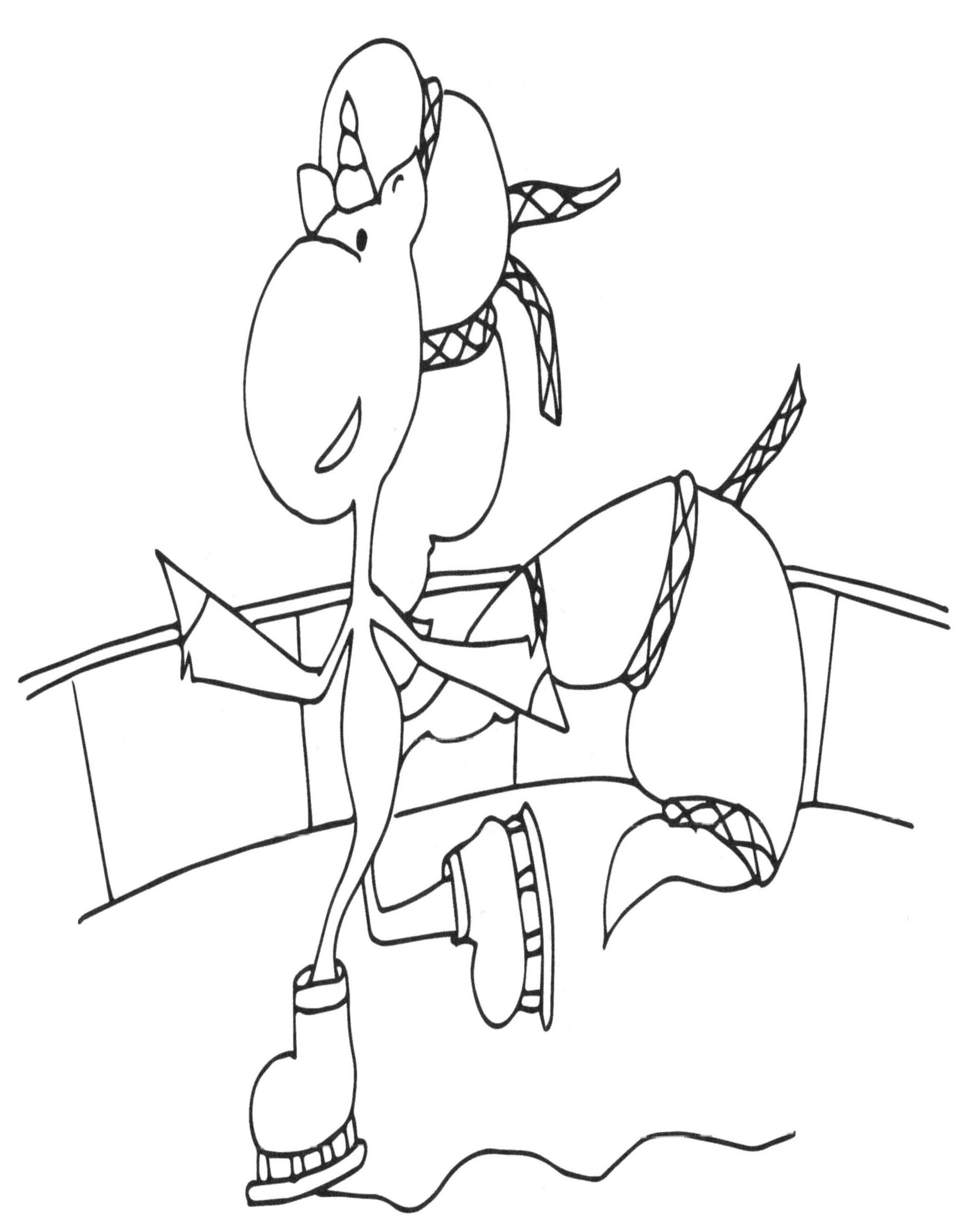

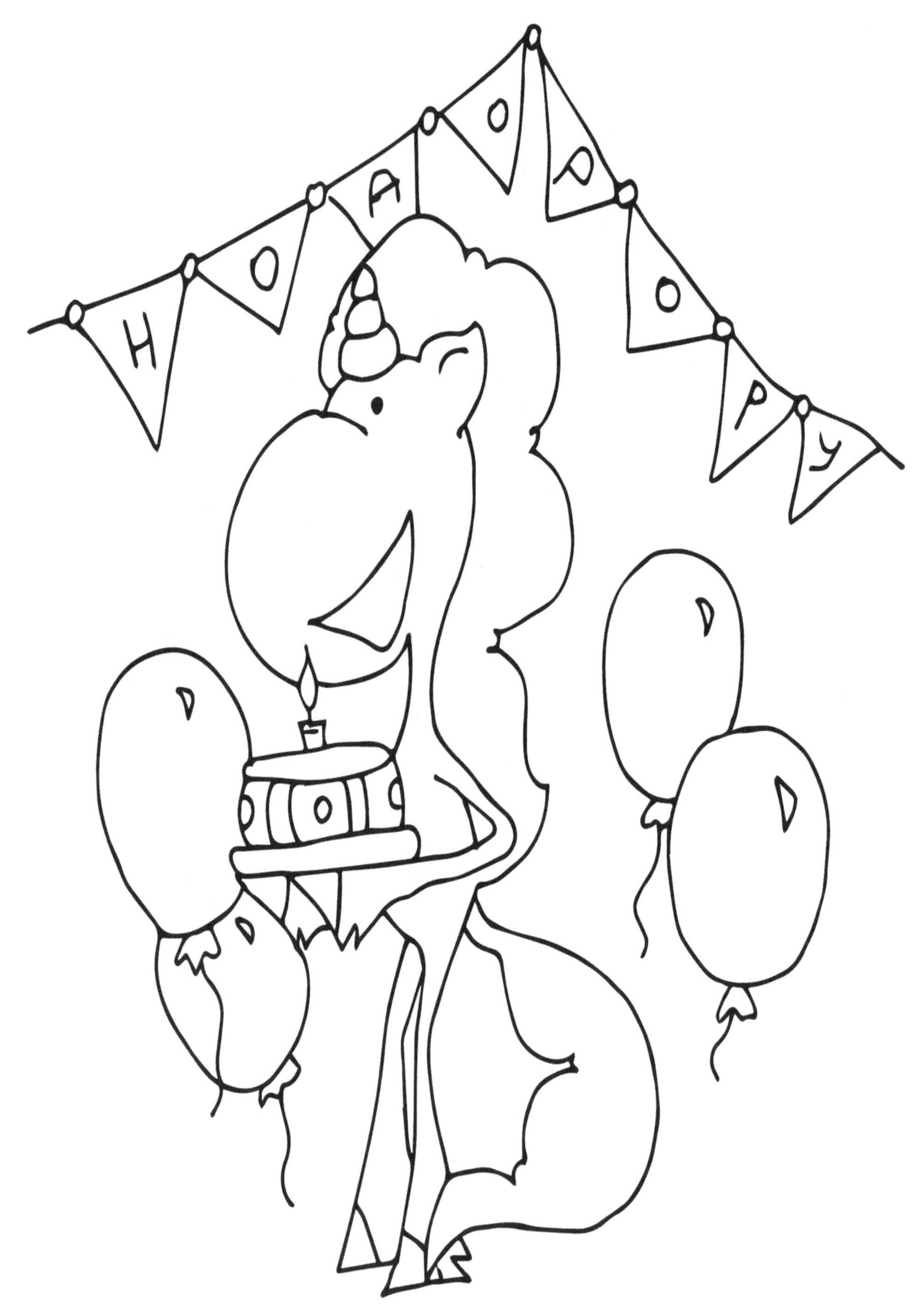

H
O
A
O
P
O
P
Y

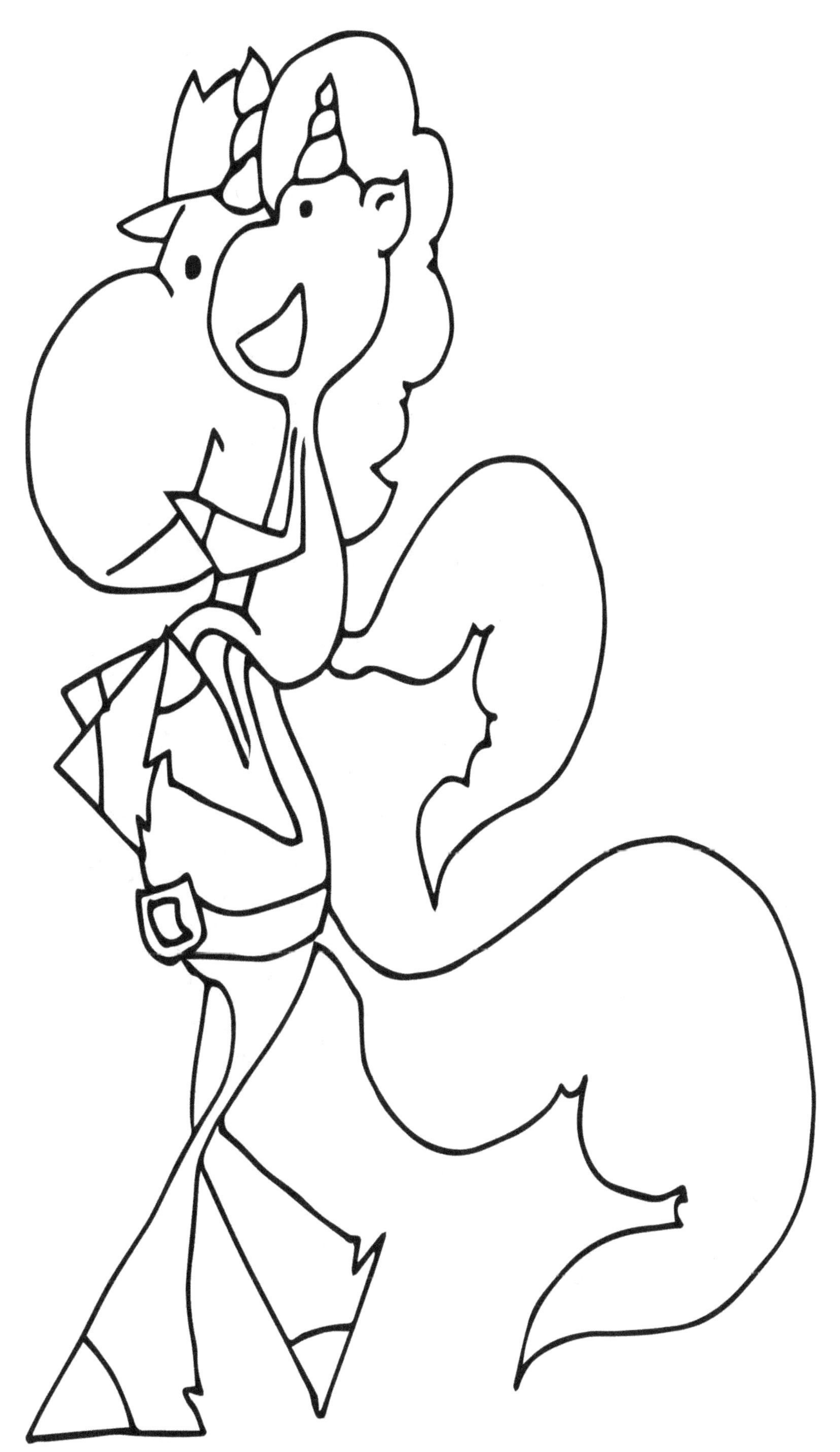

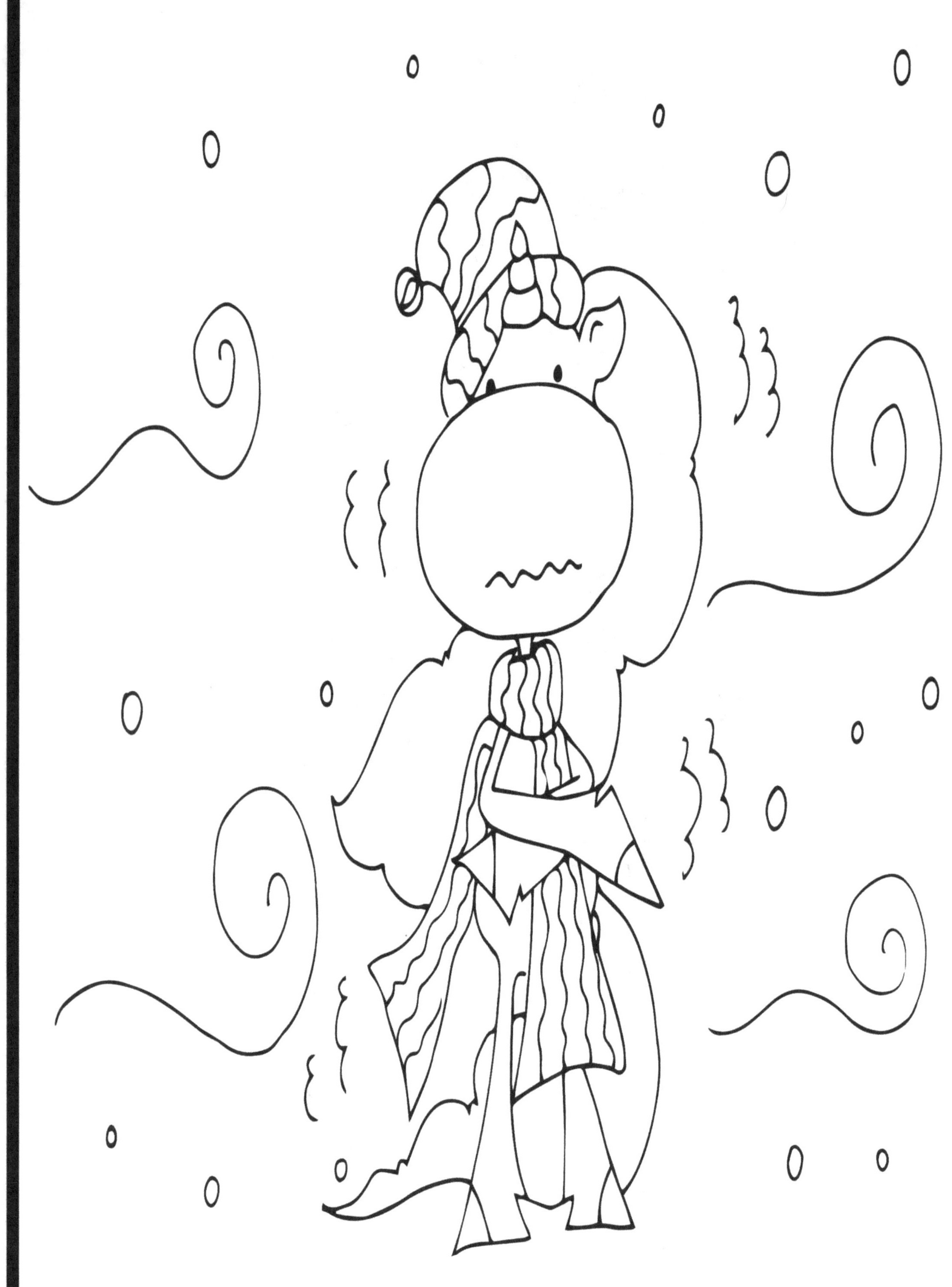

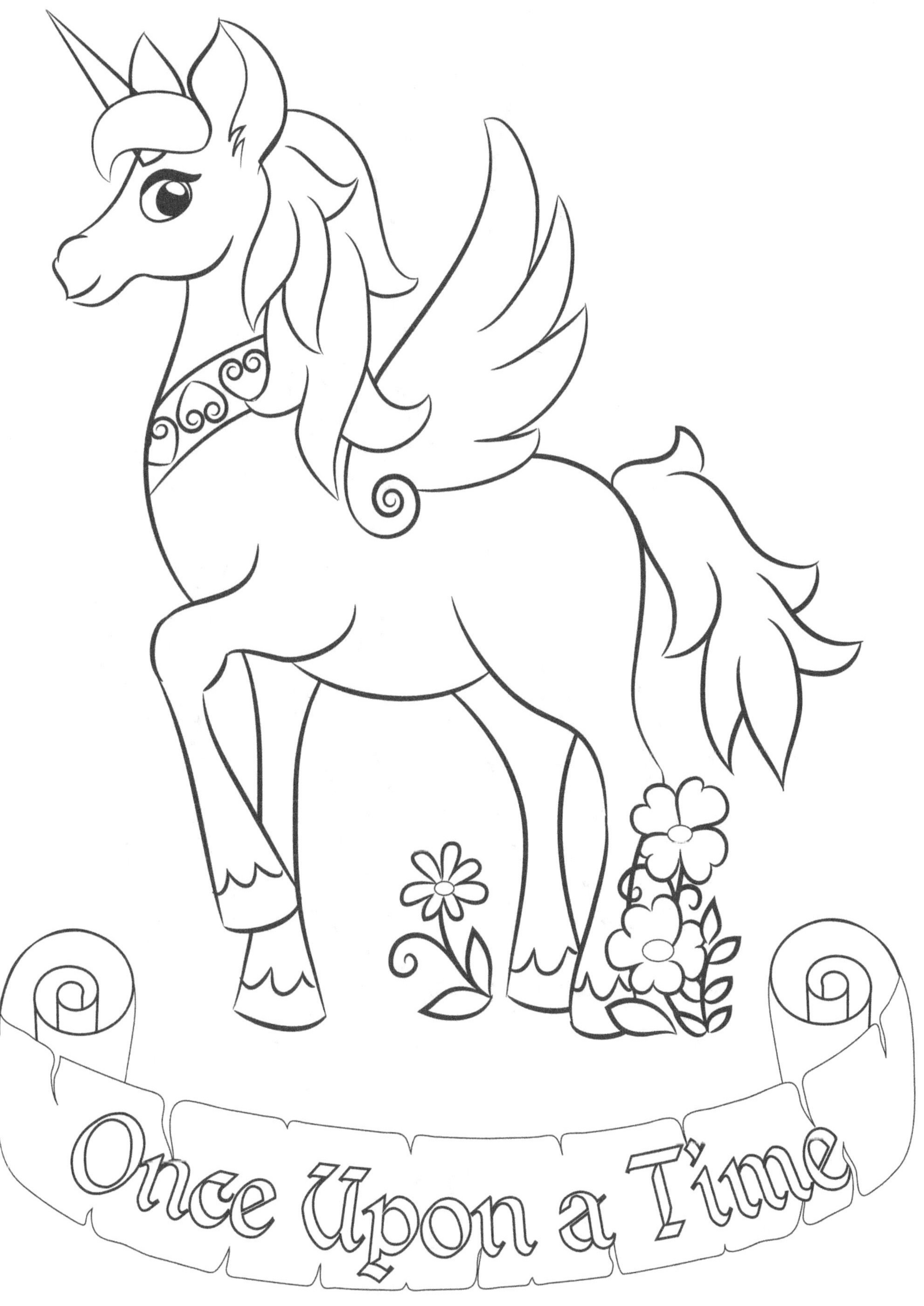

Once Upon a Time

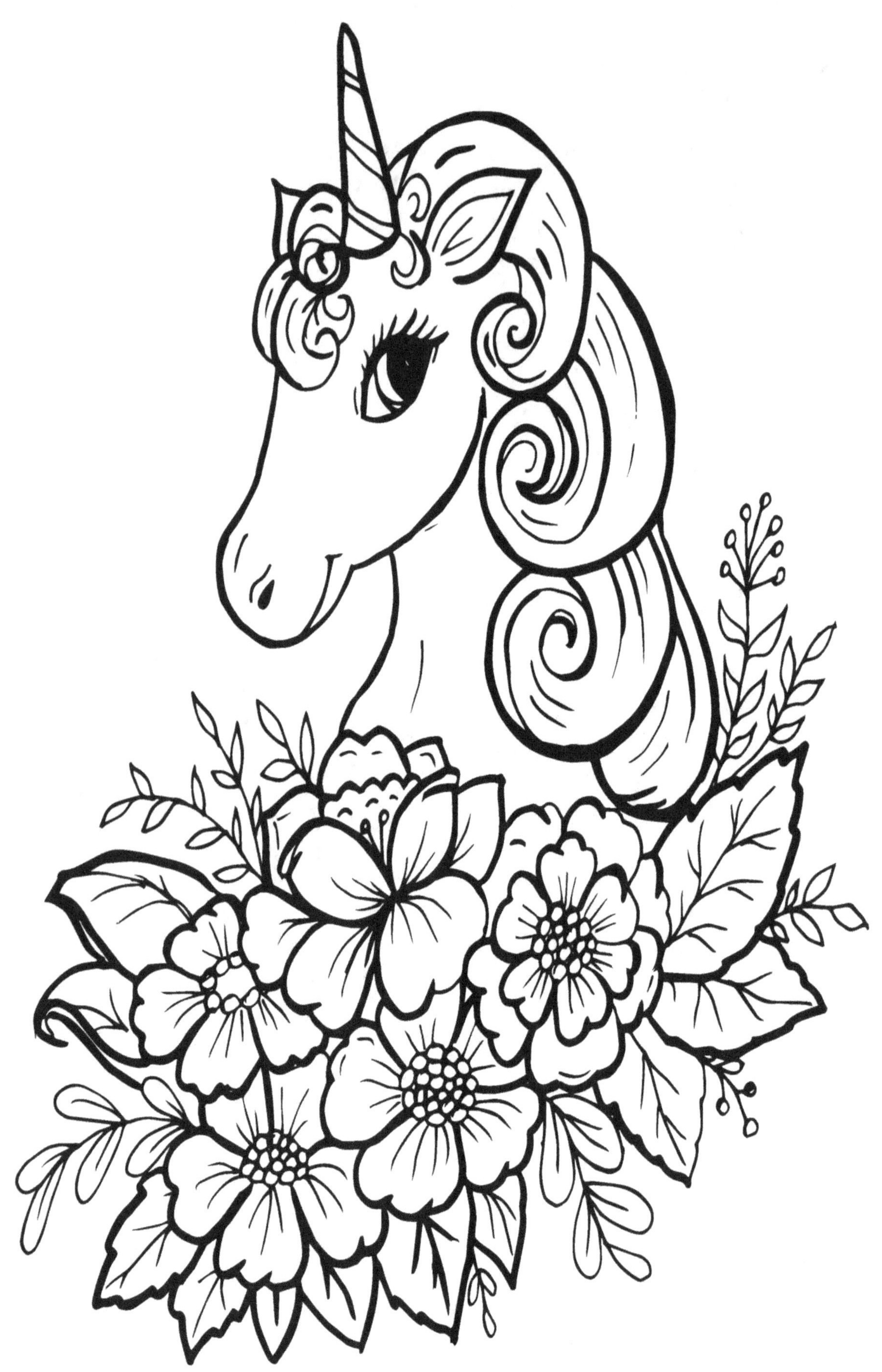

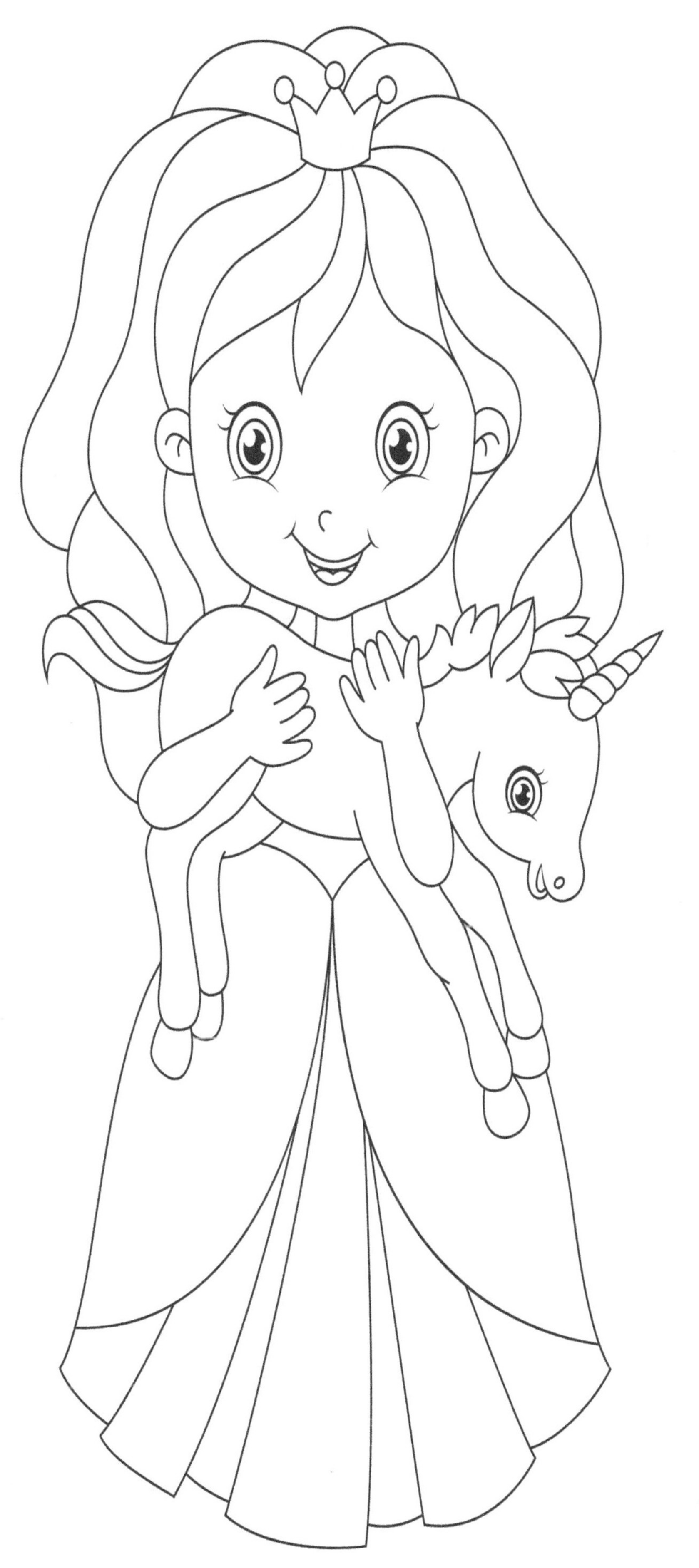

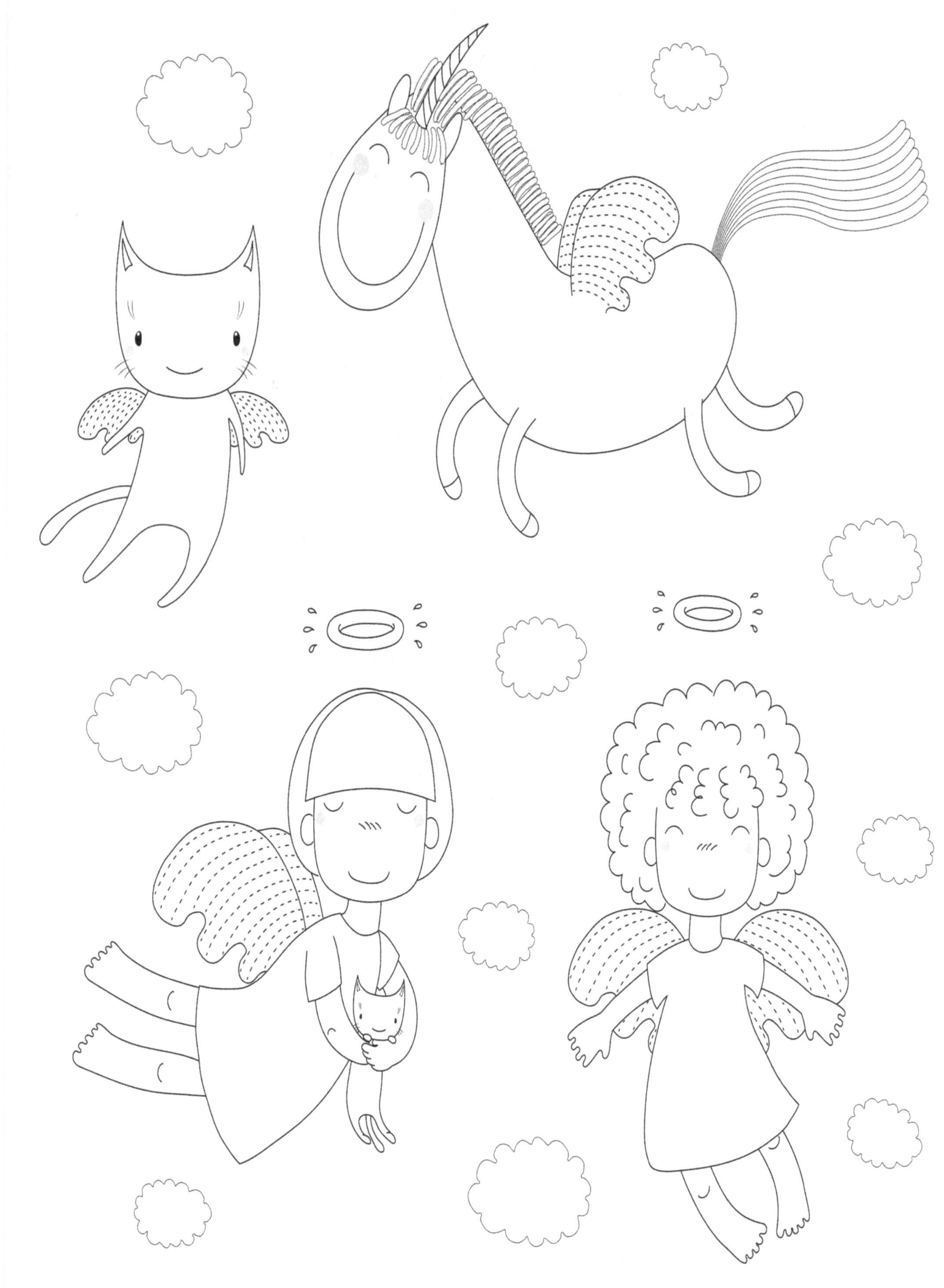

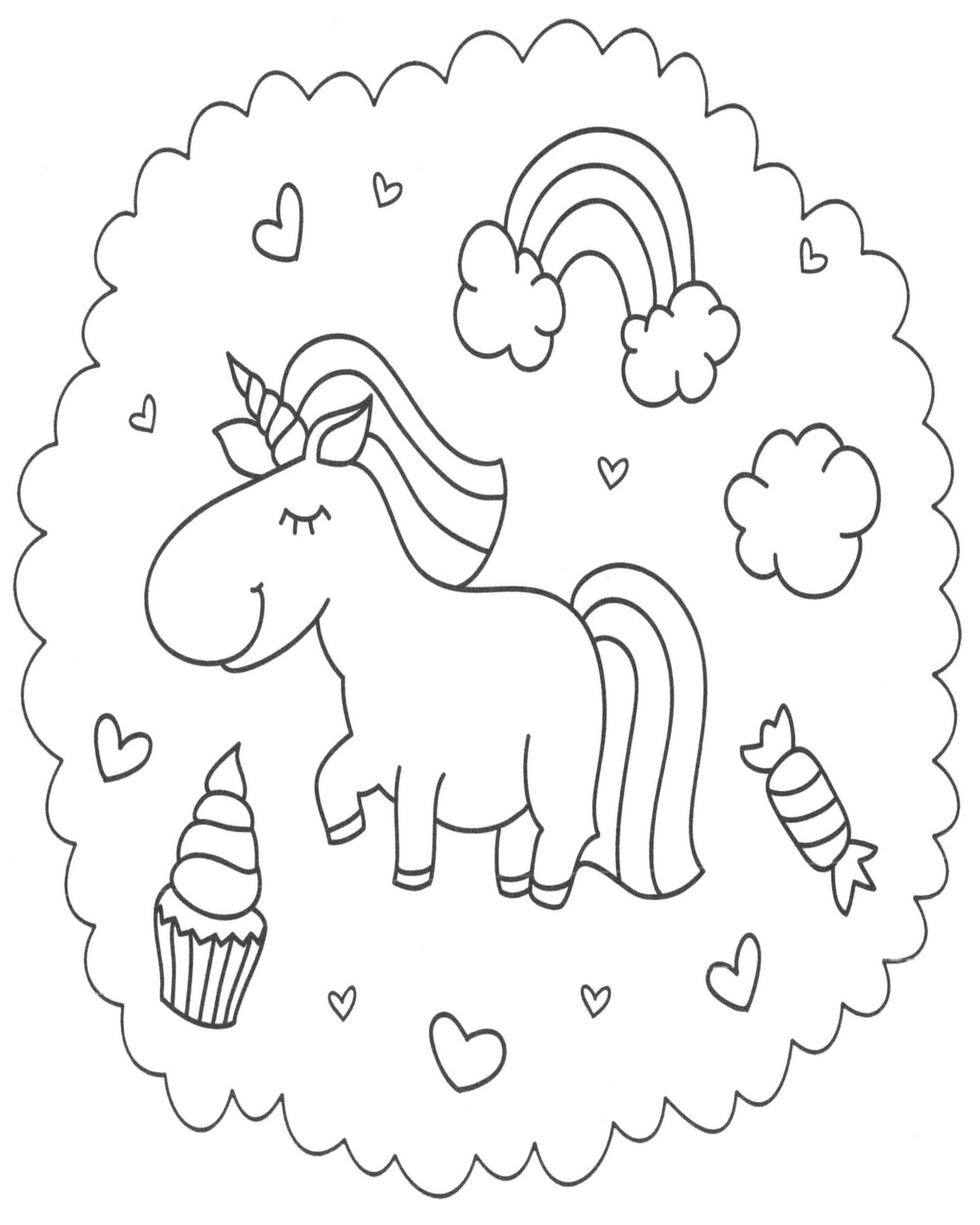

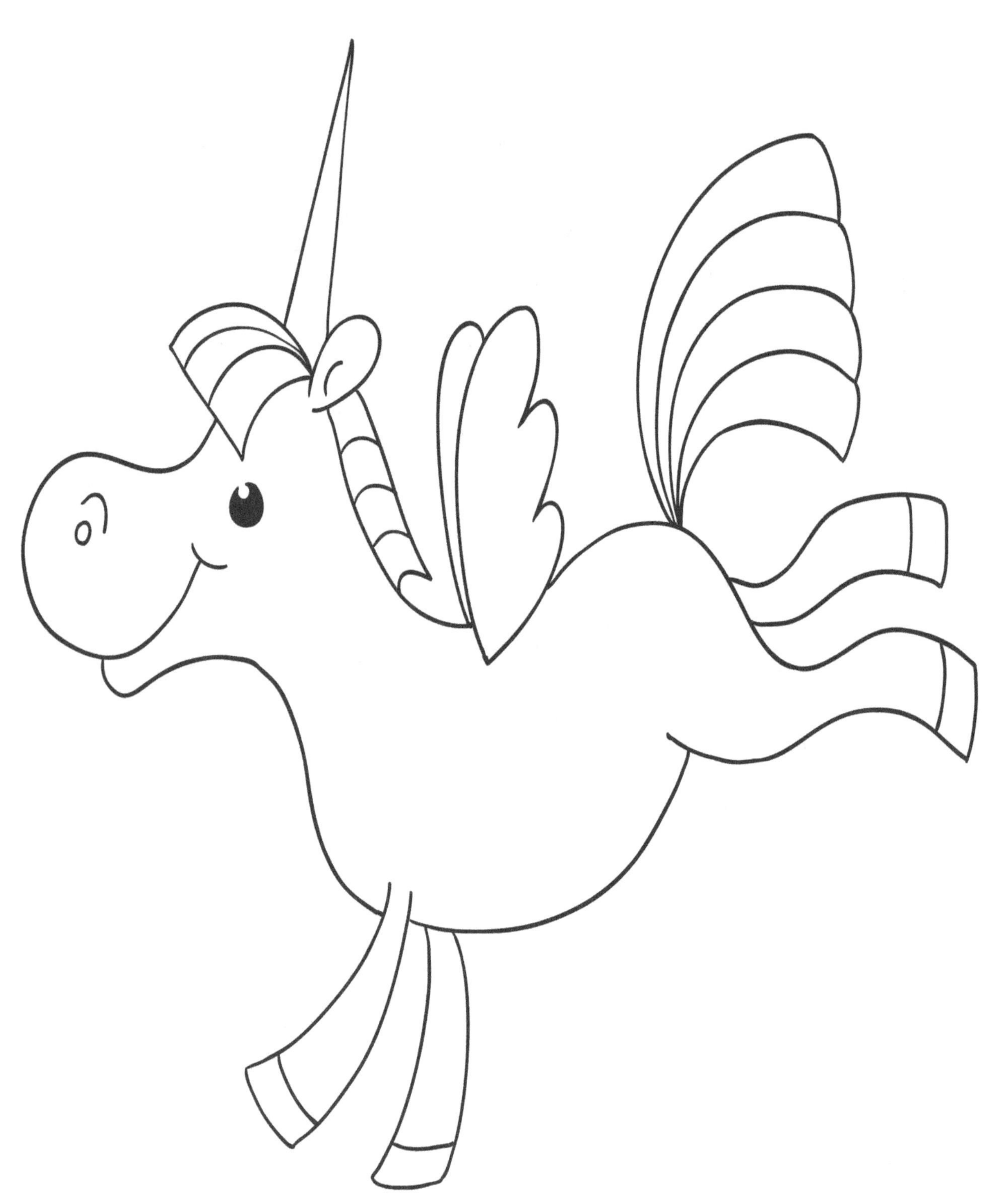

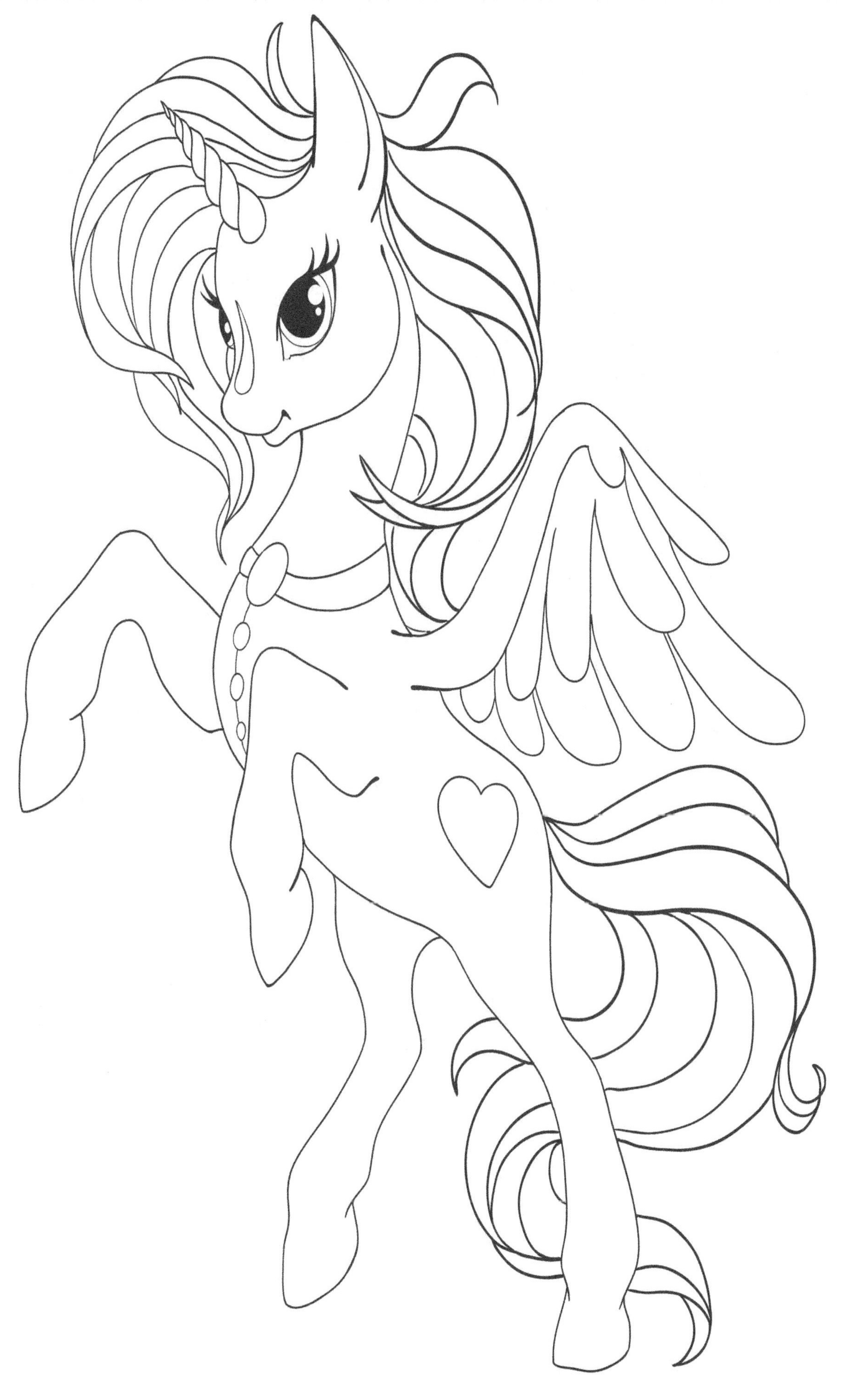

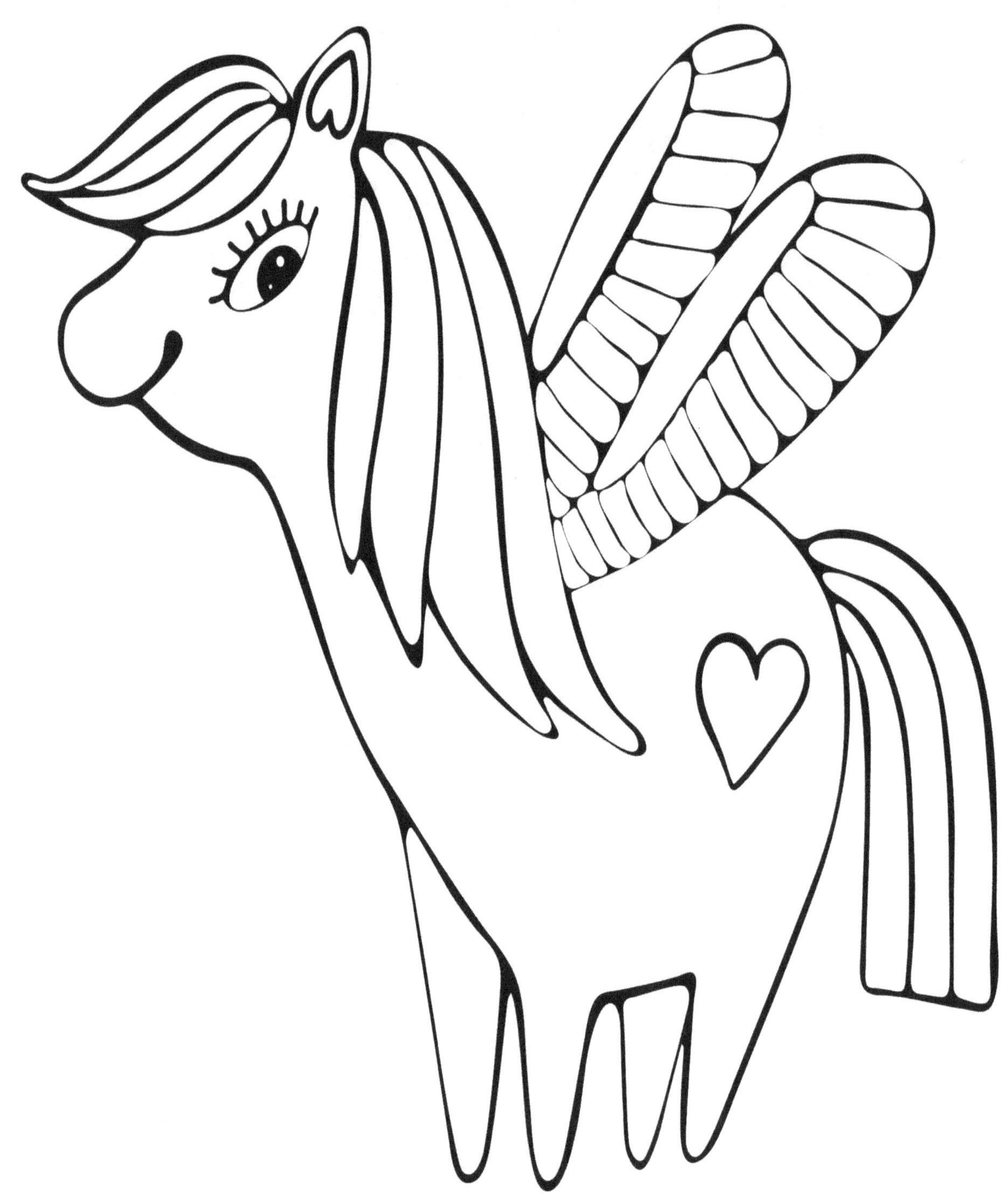

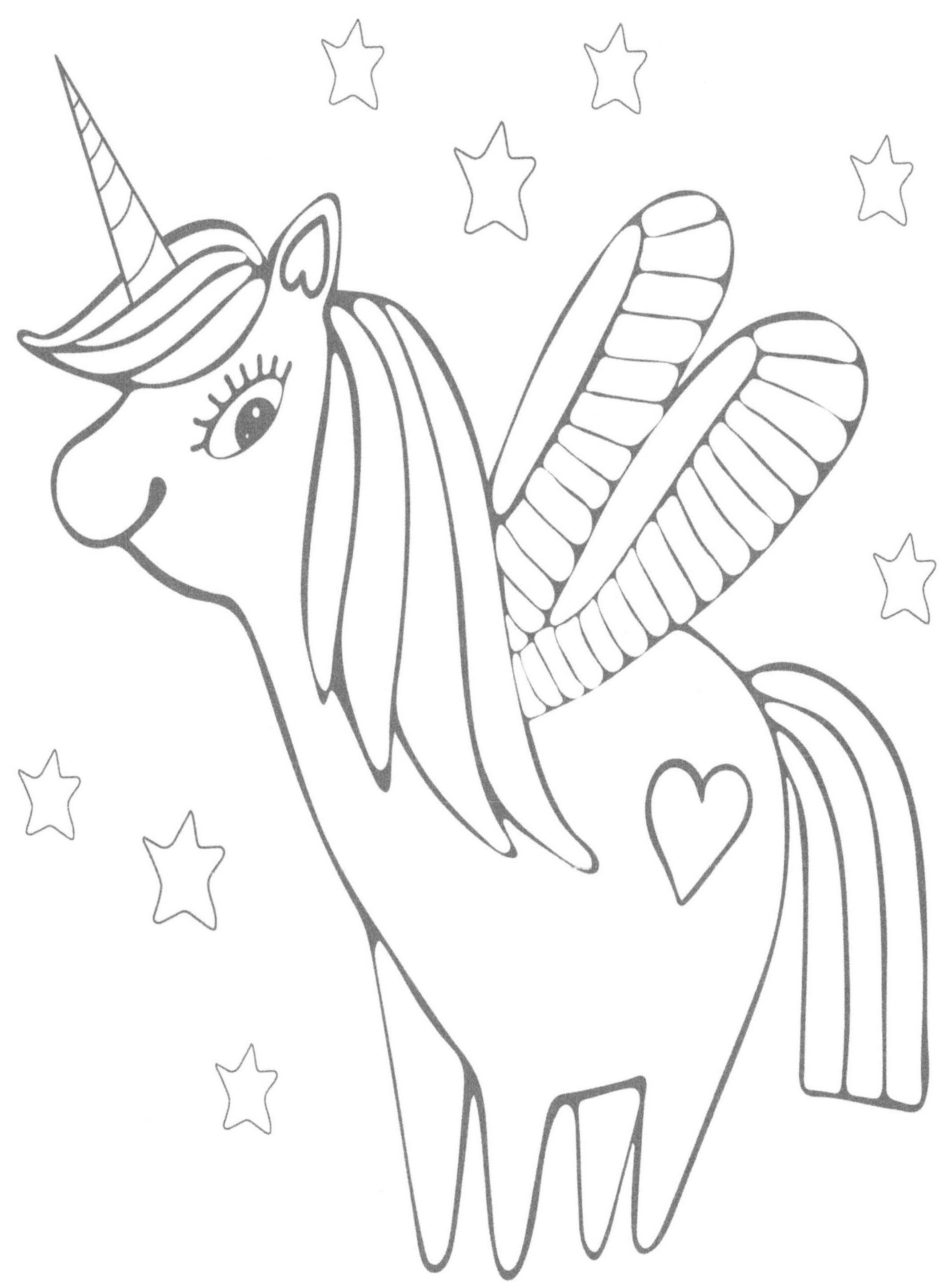

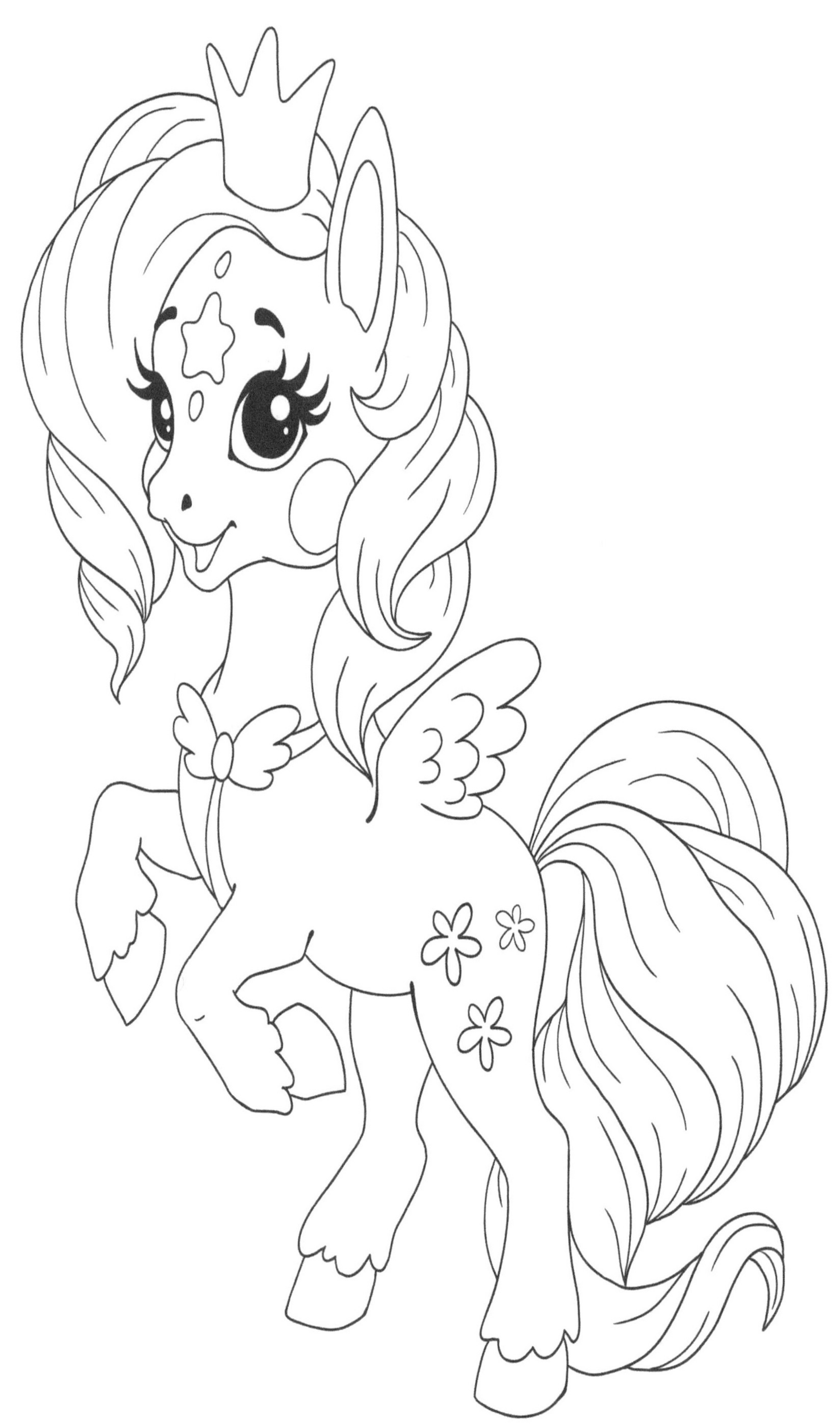

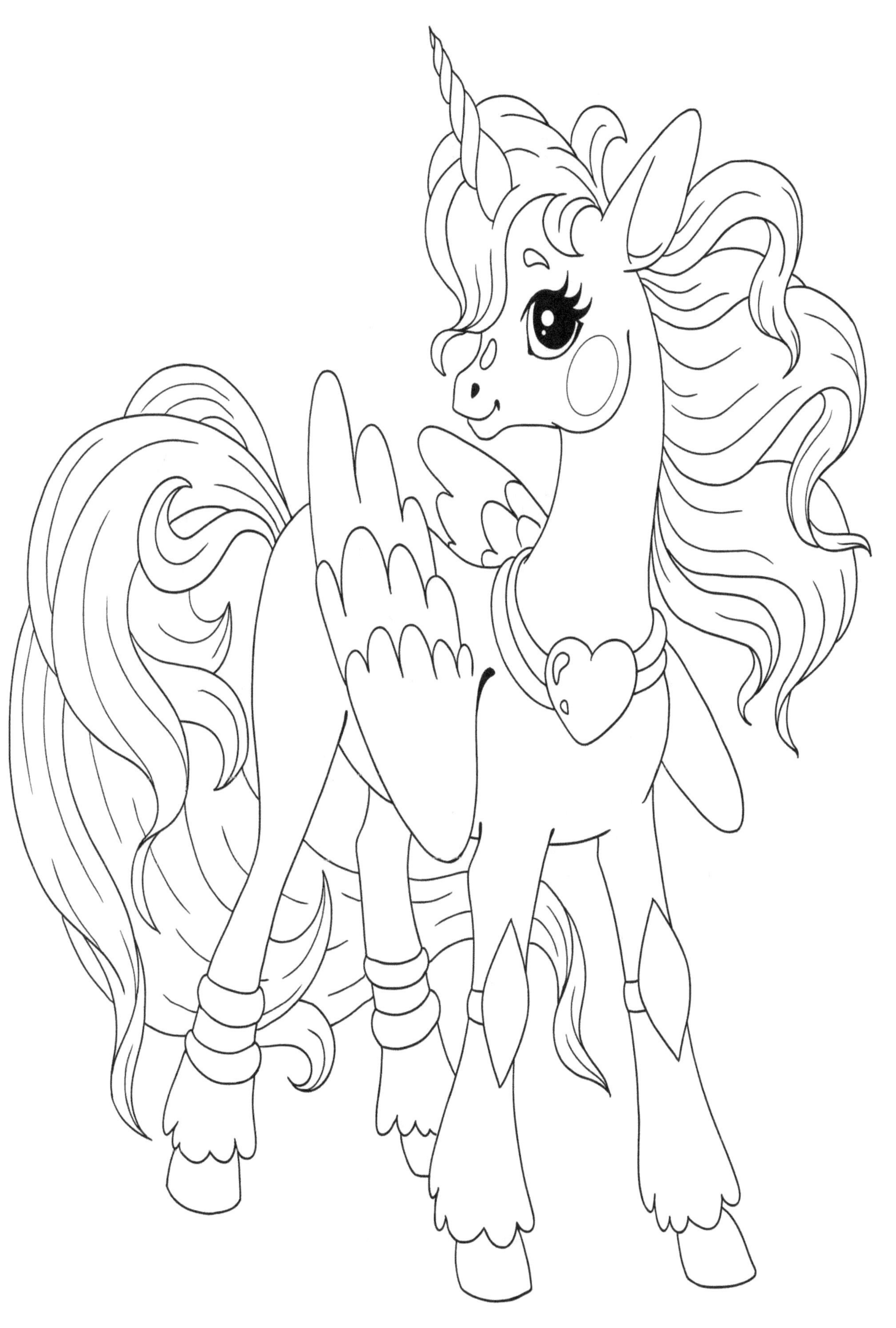

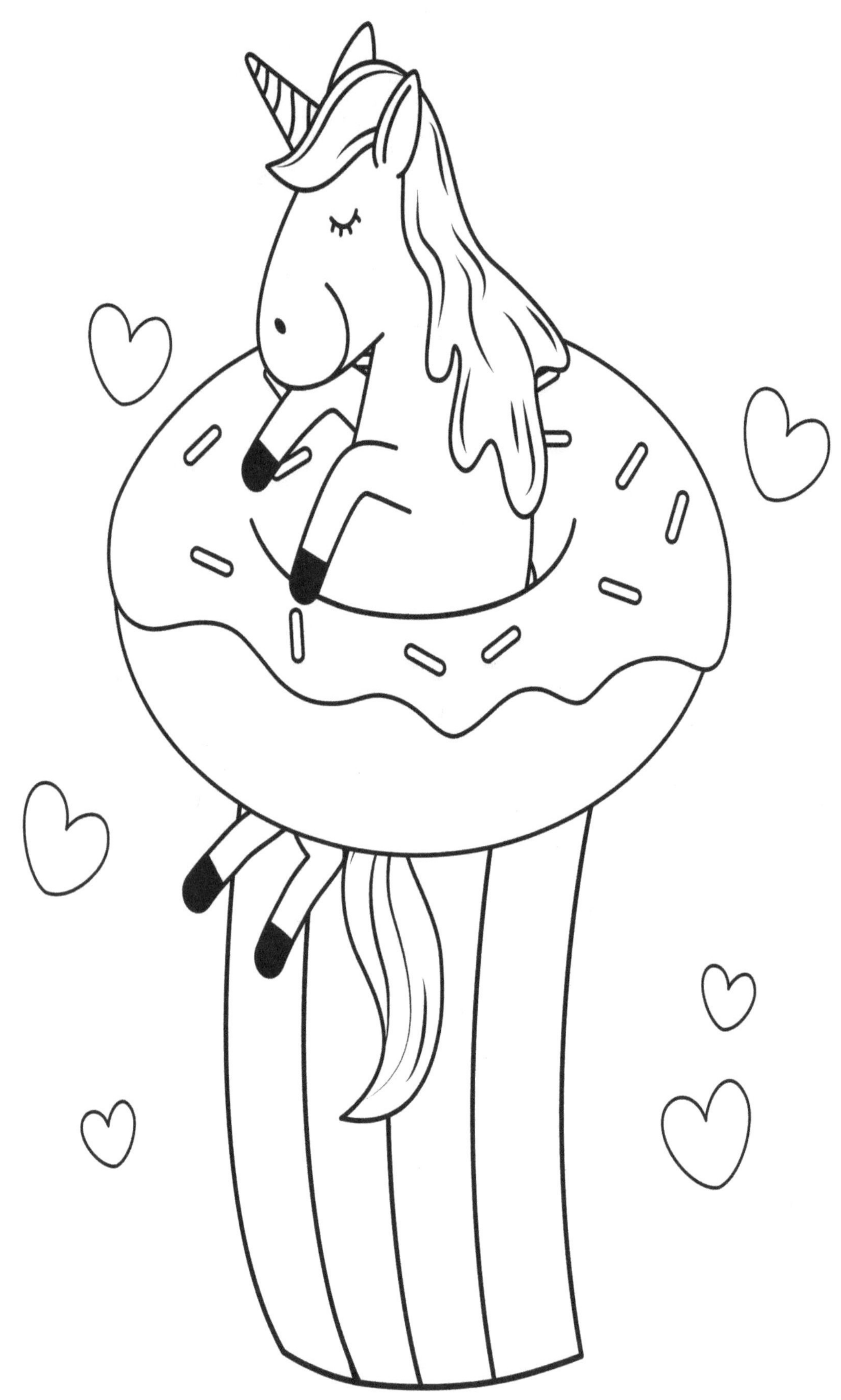

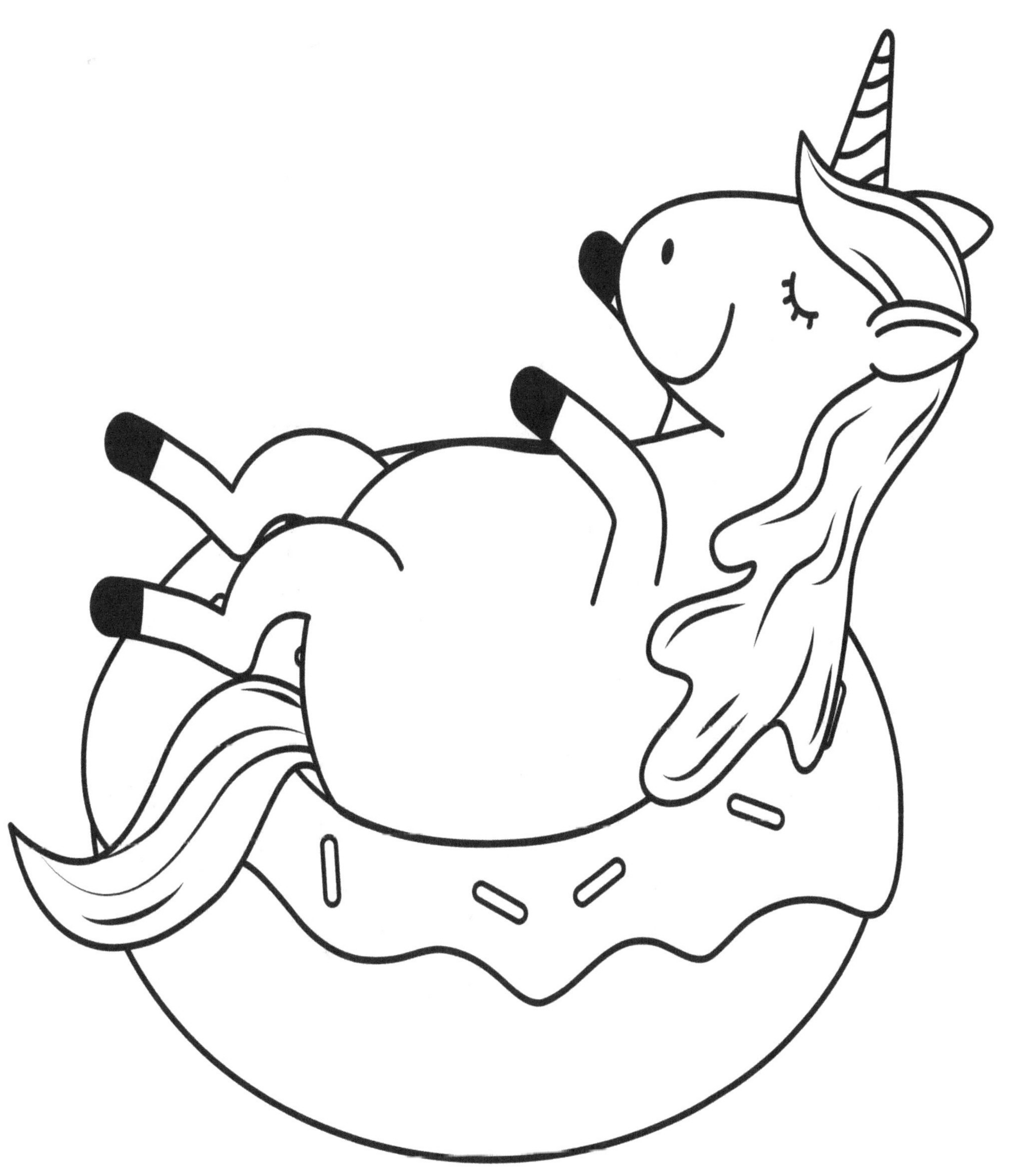

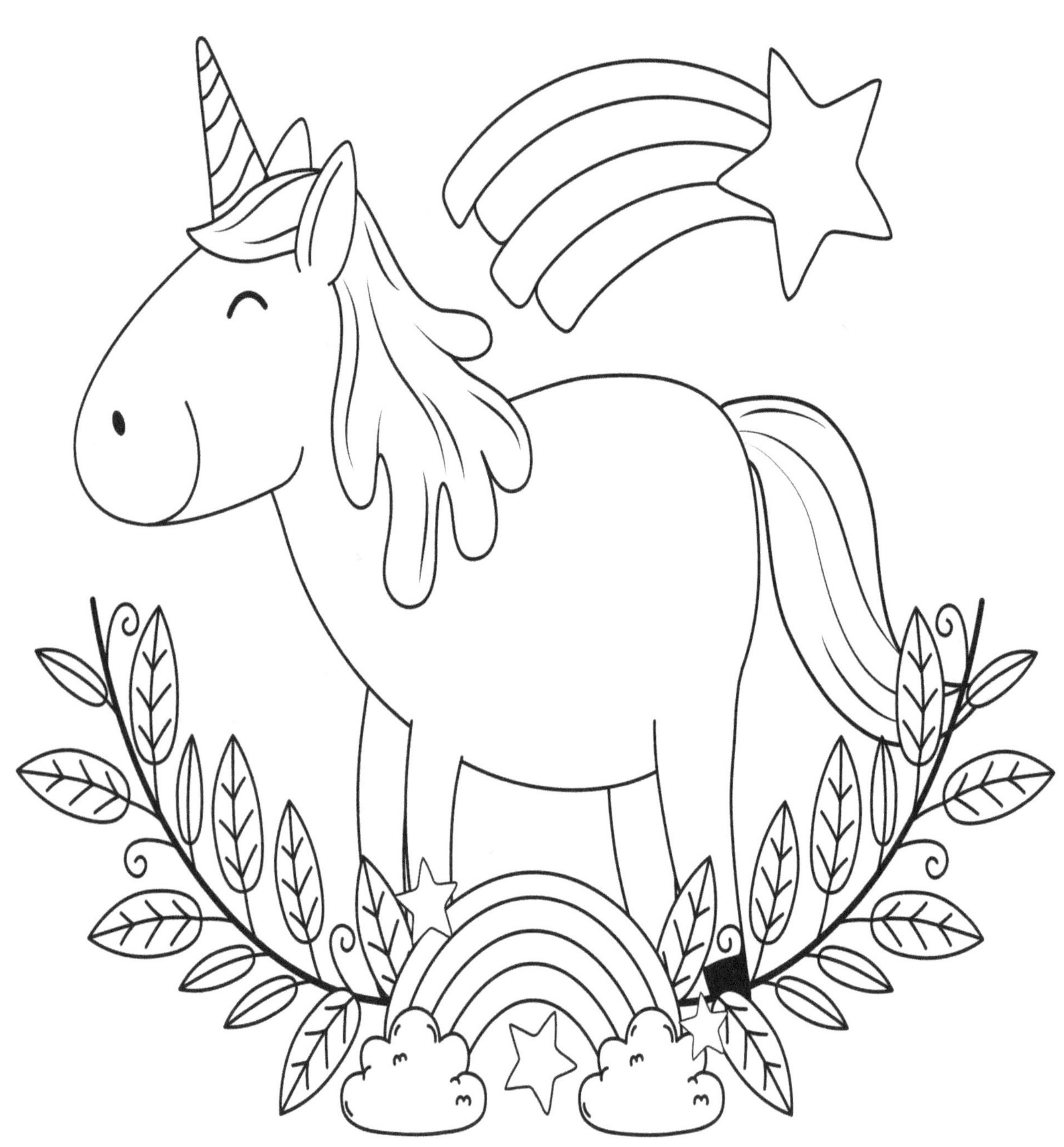

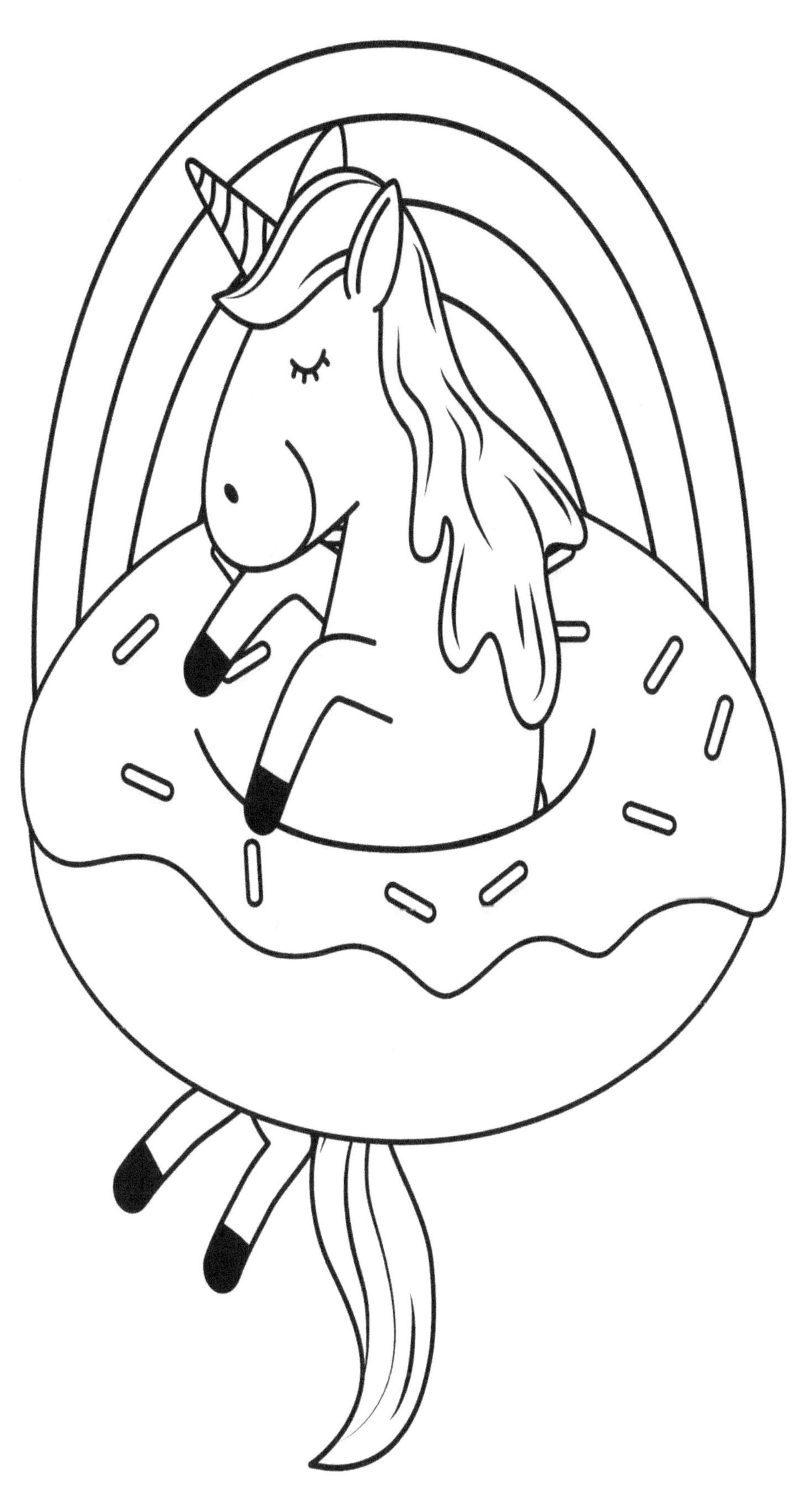

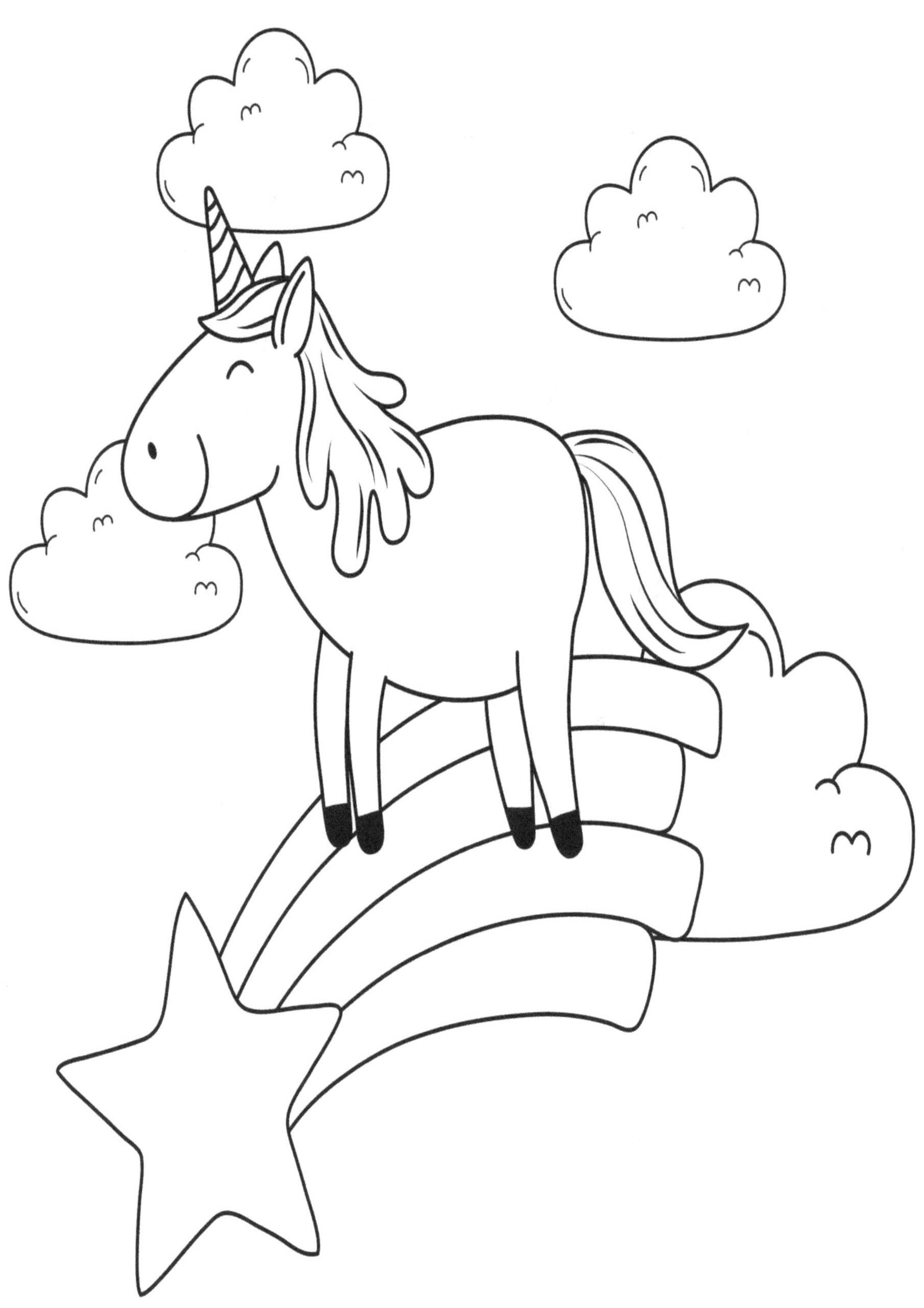

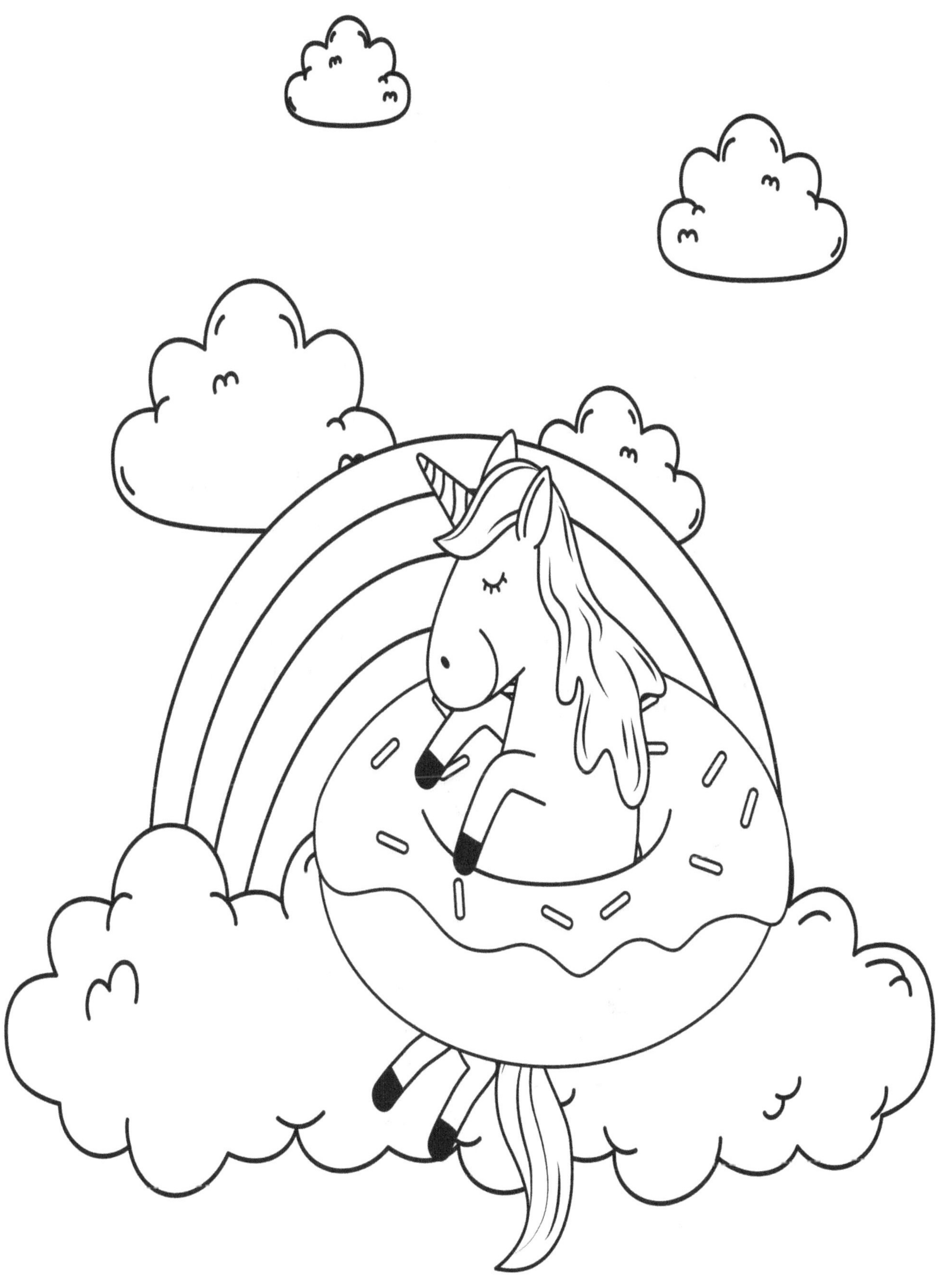

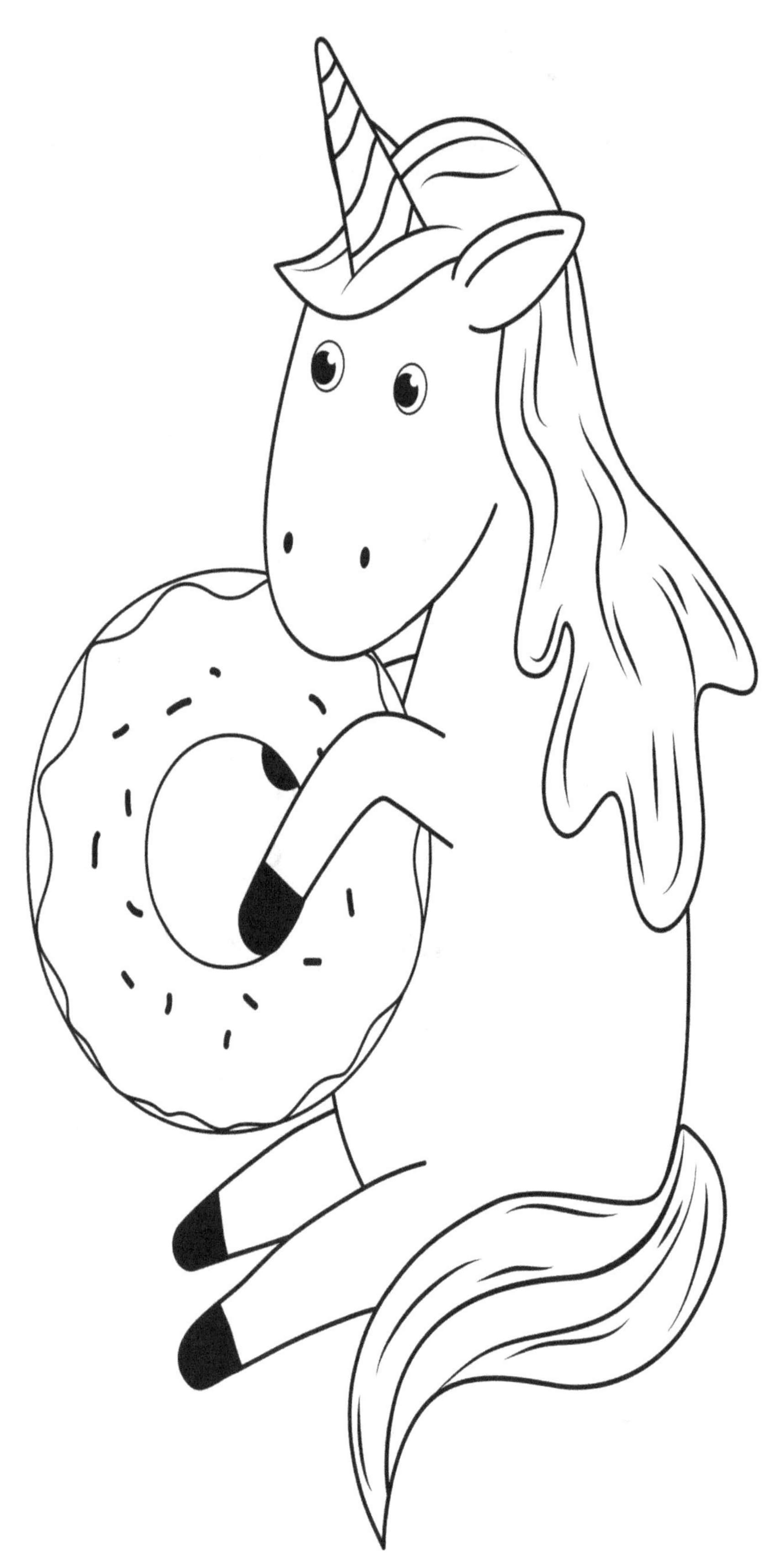

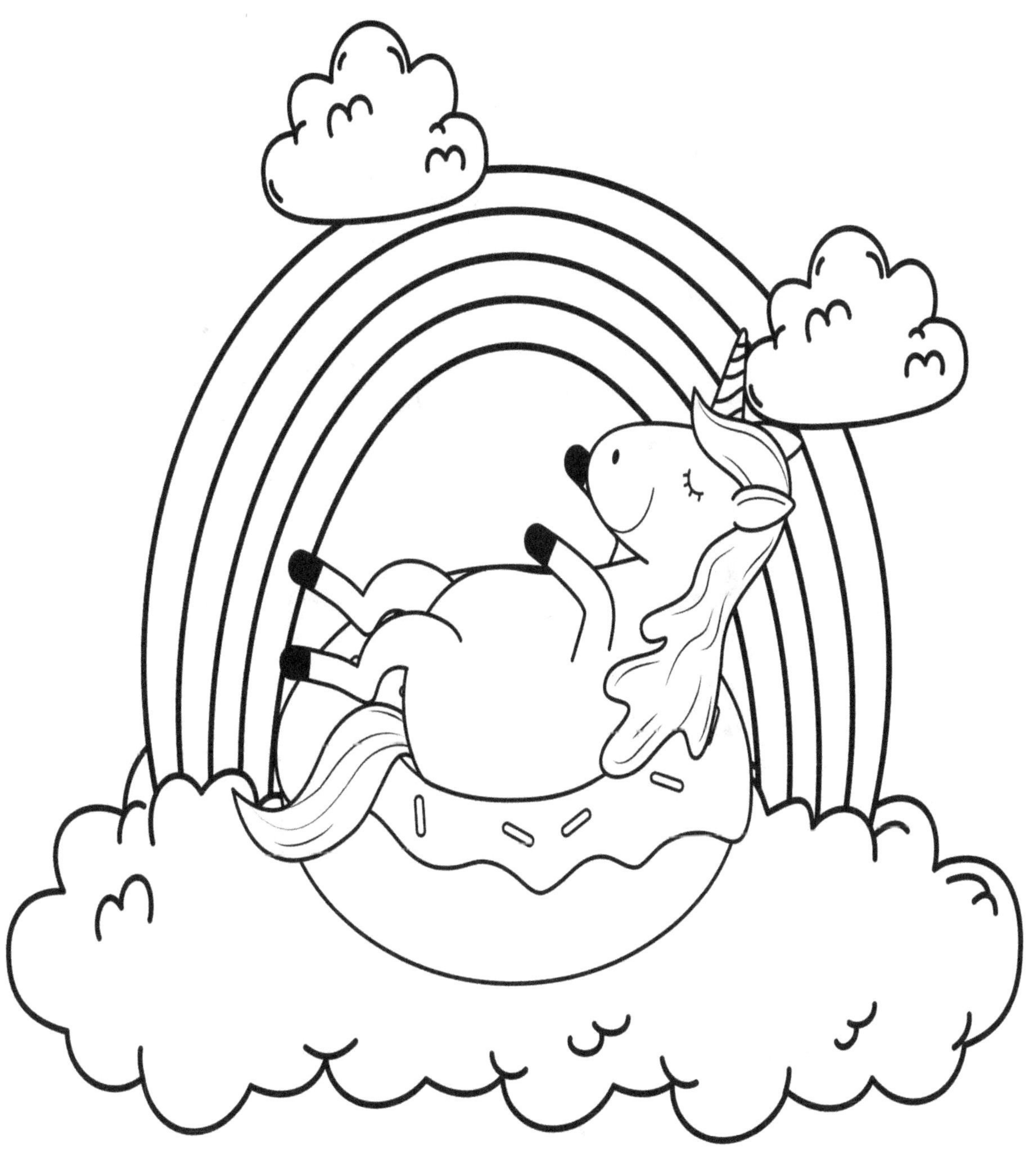

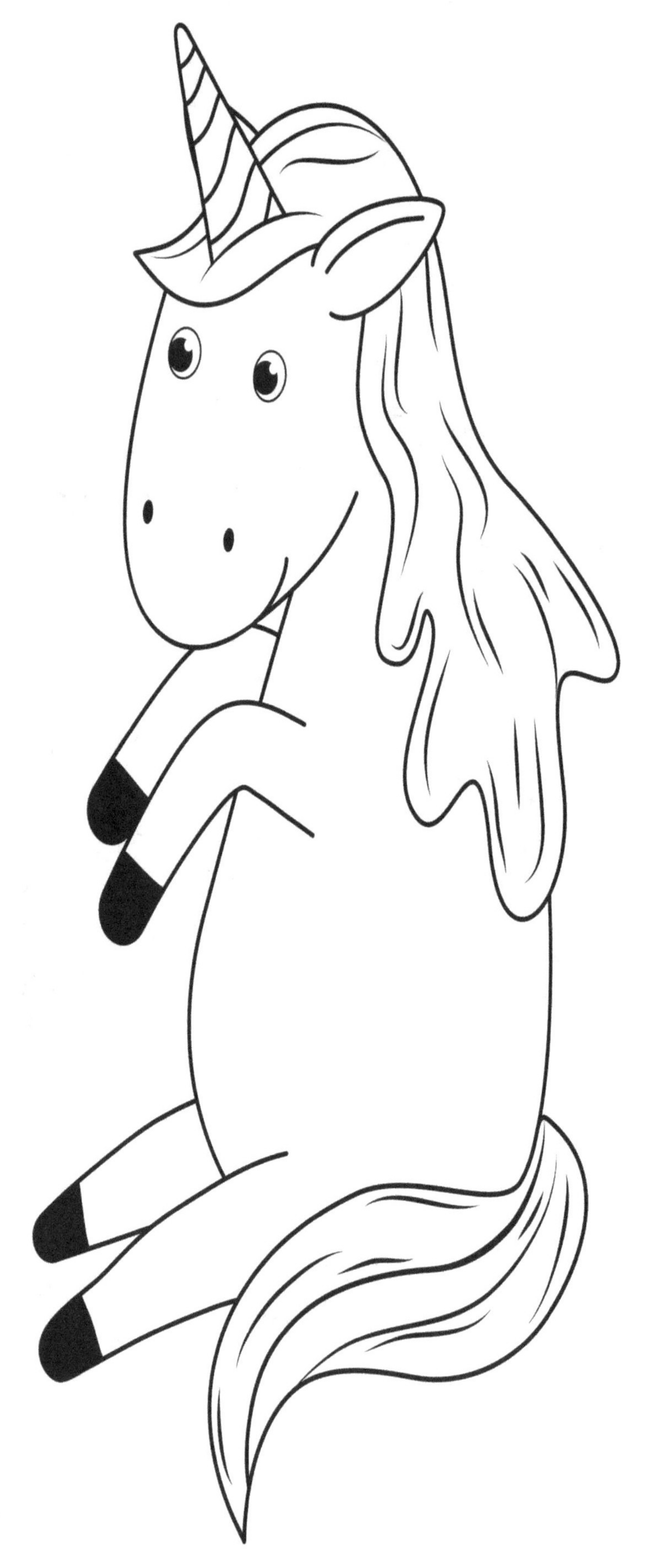

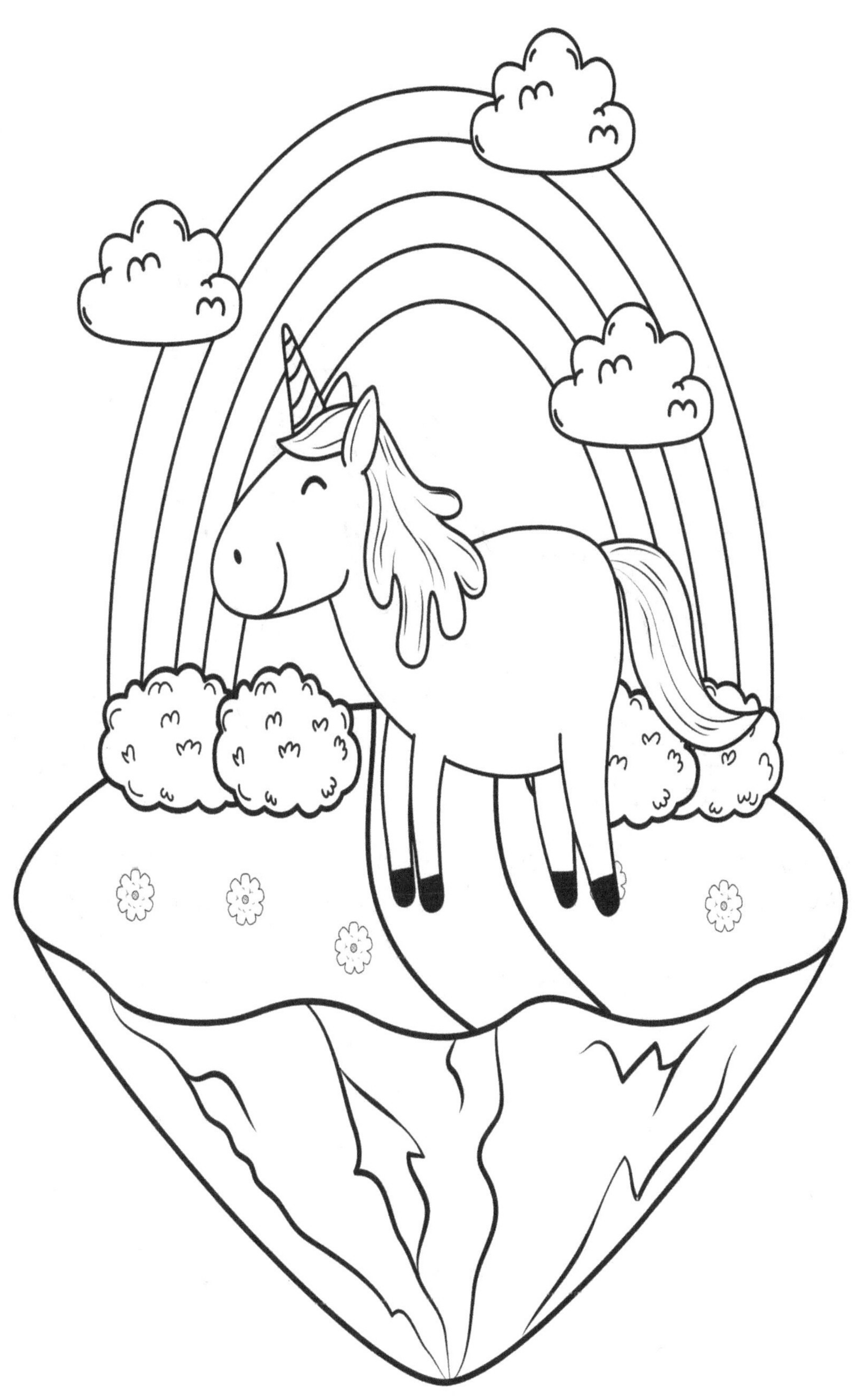

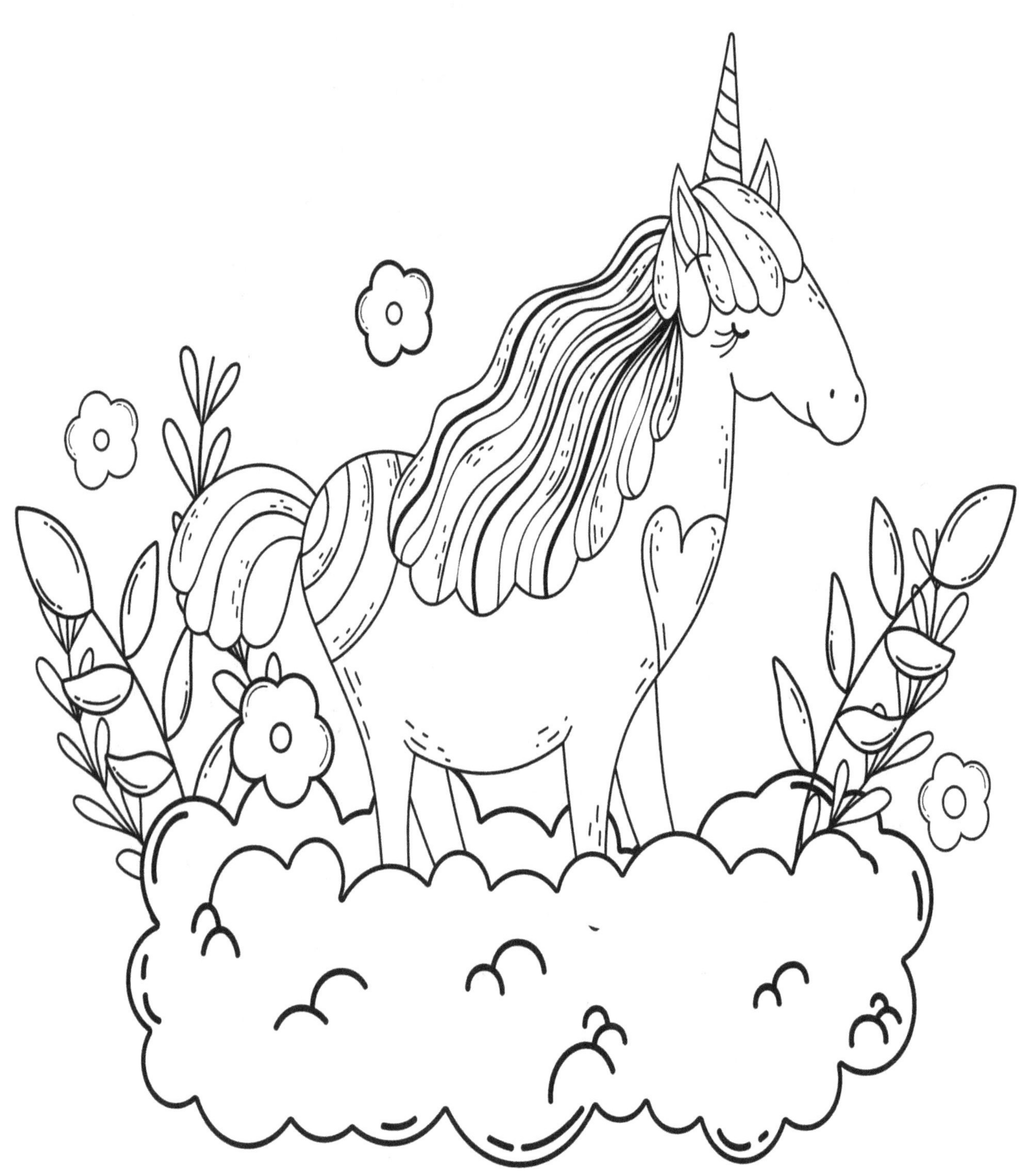

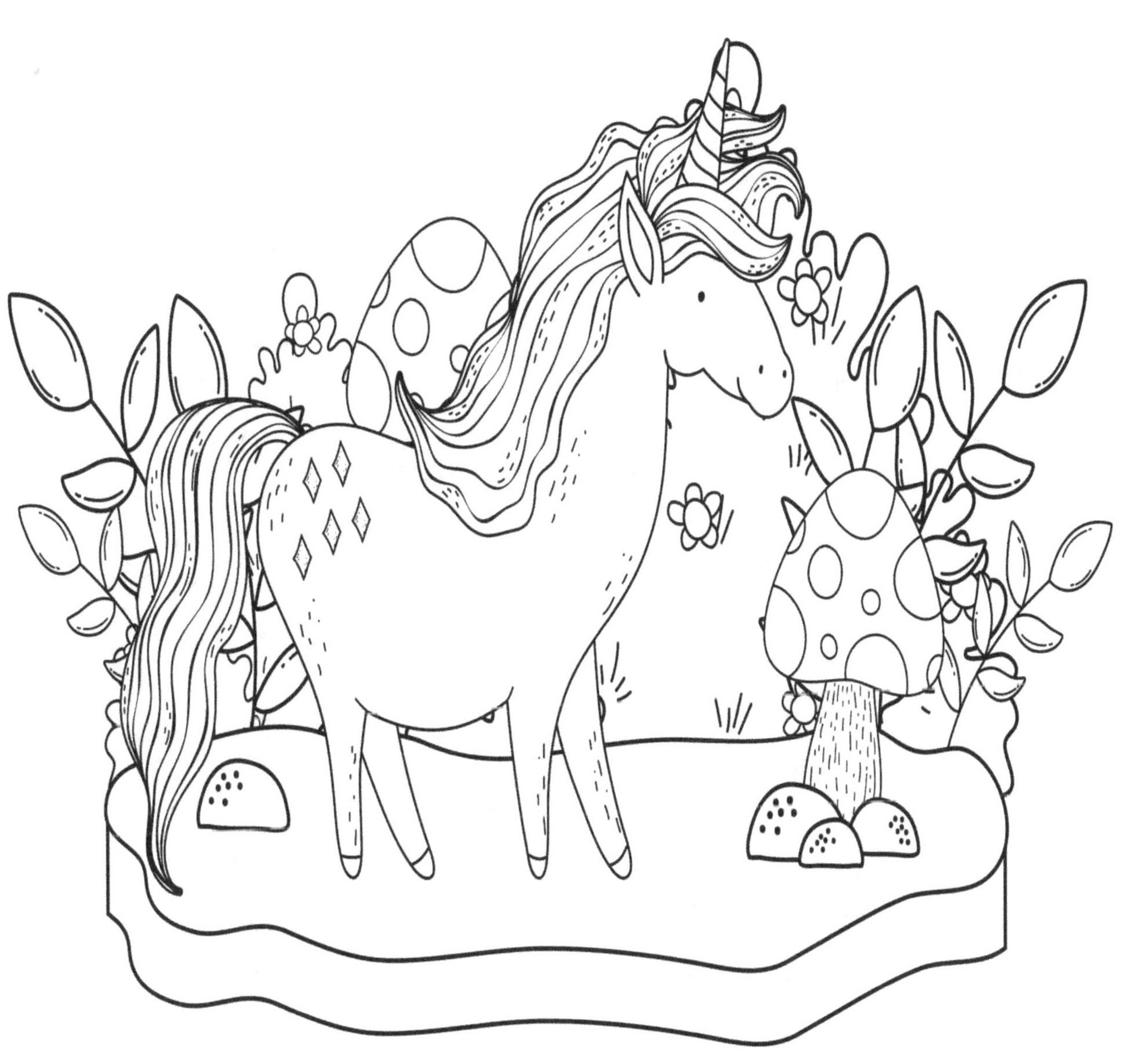

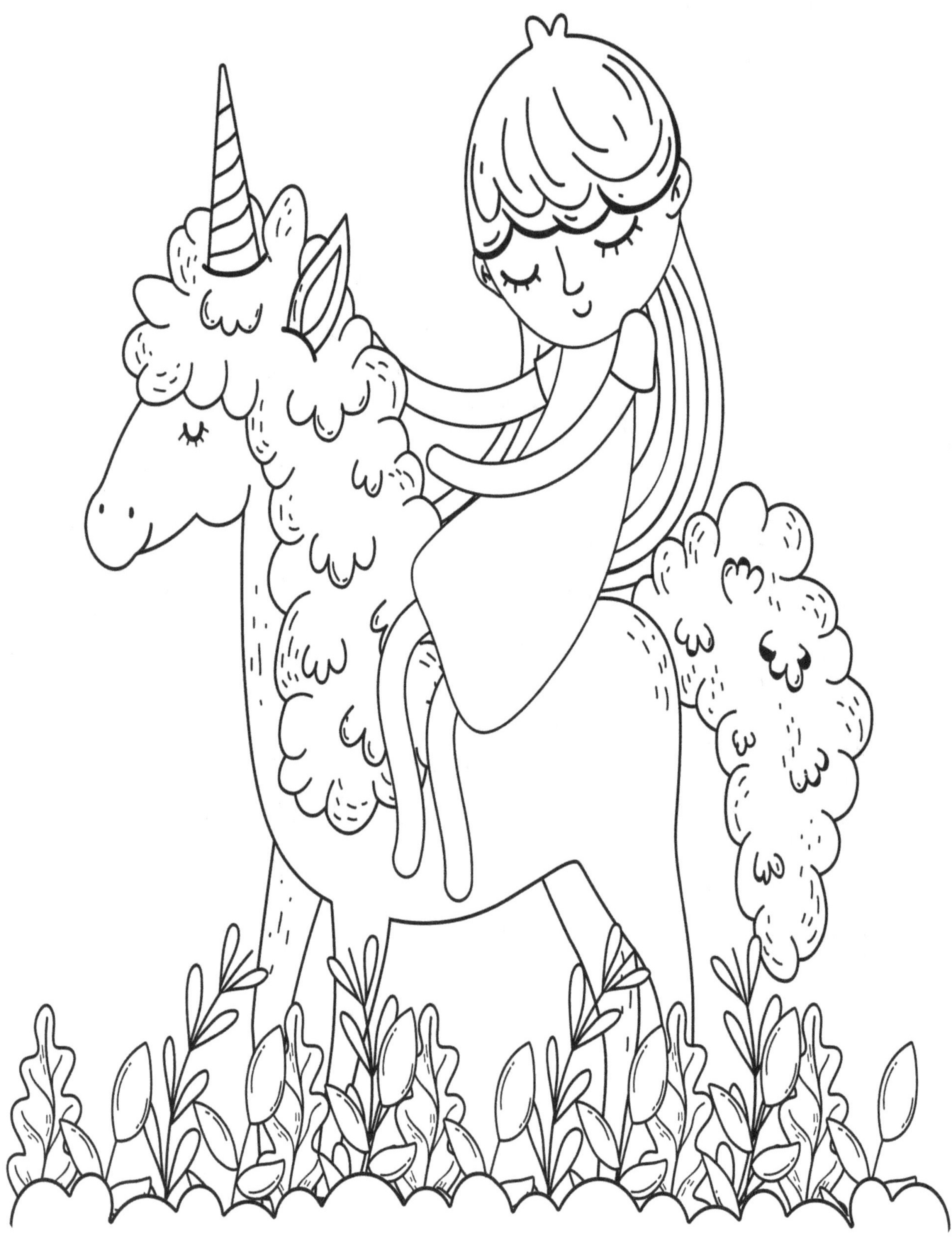

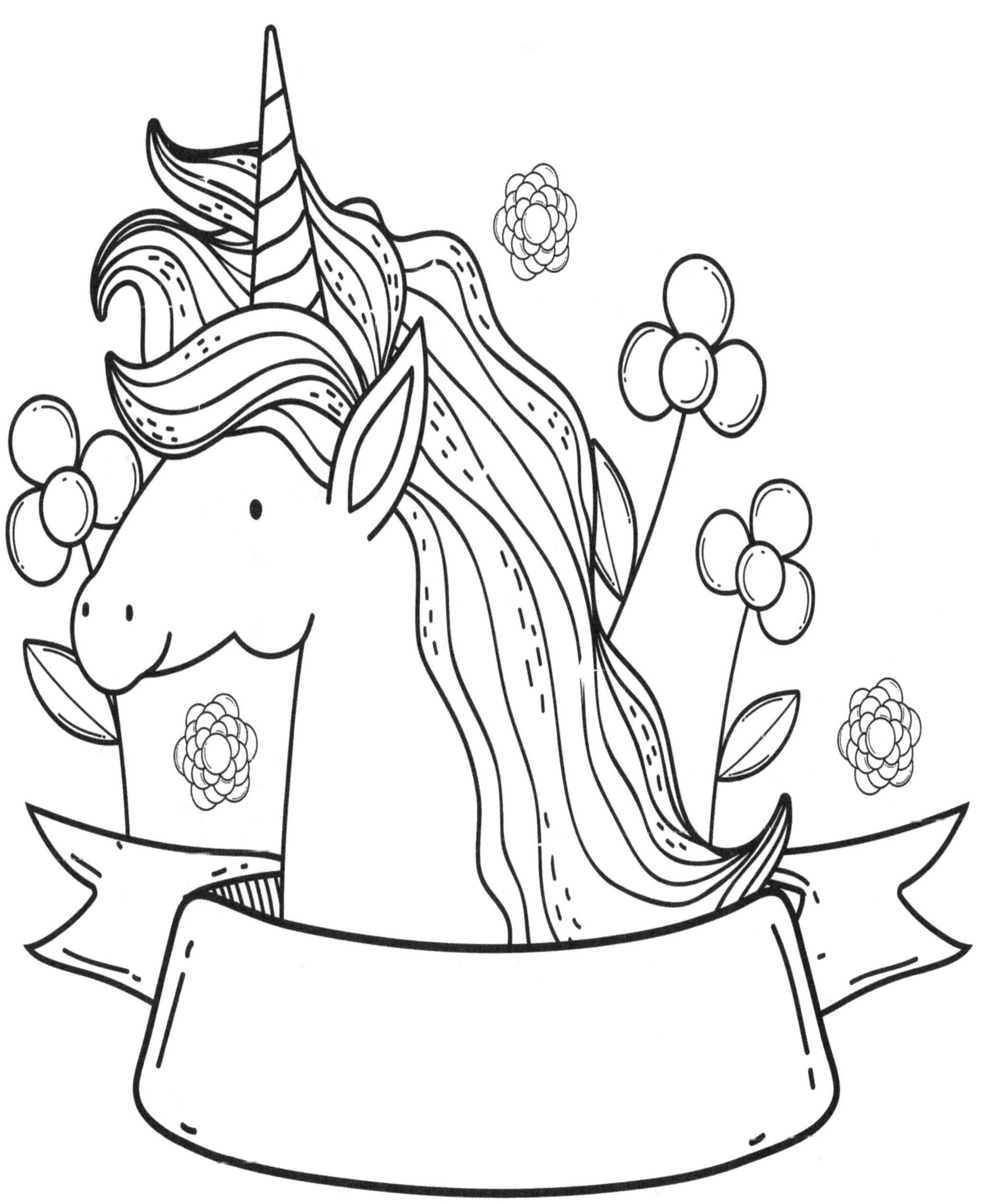

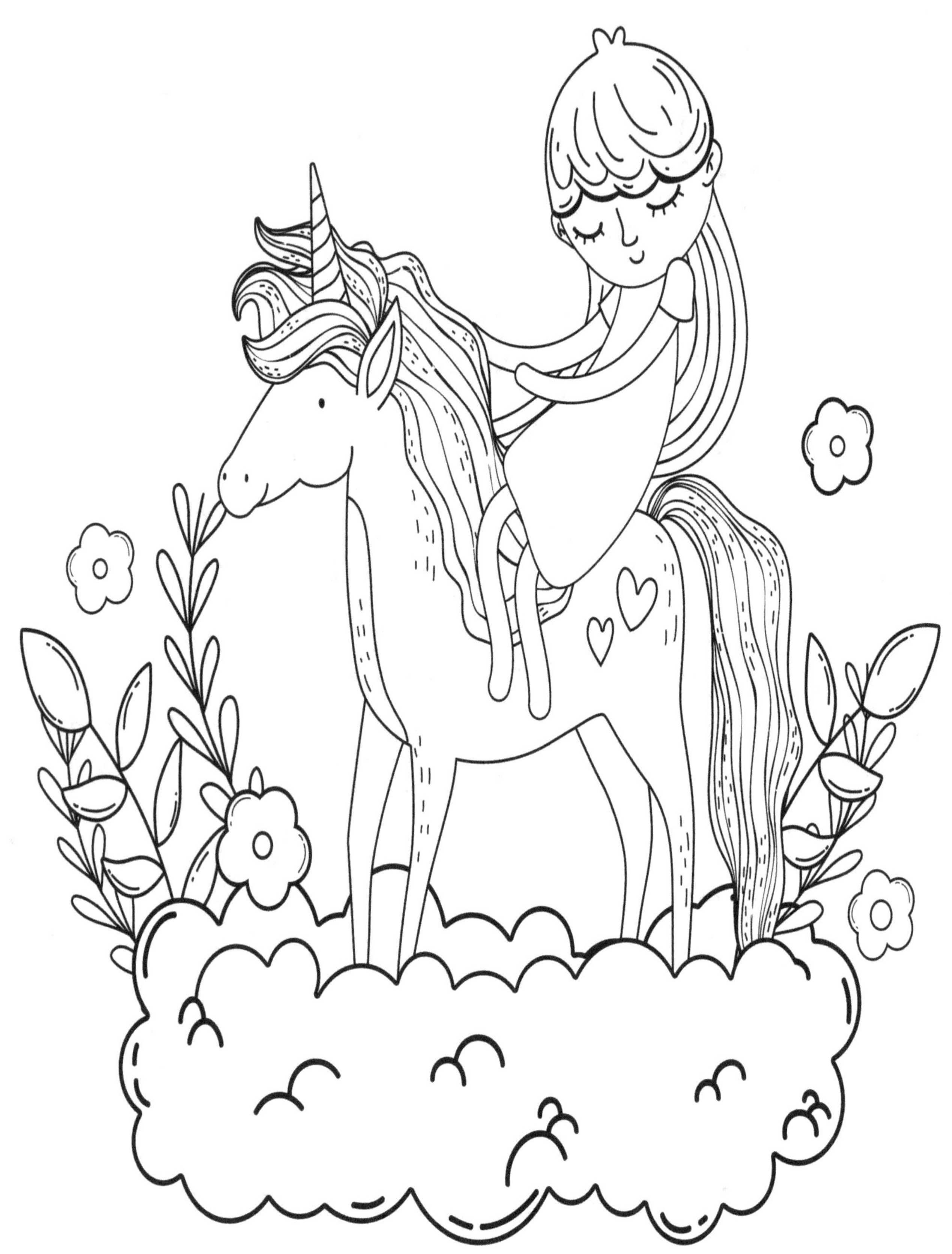

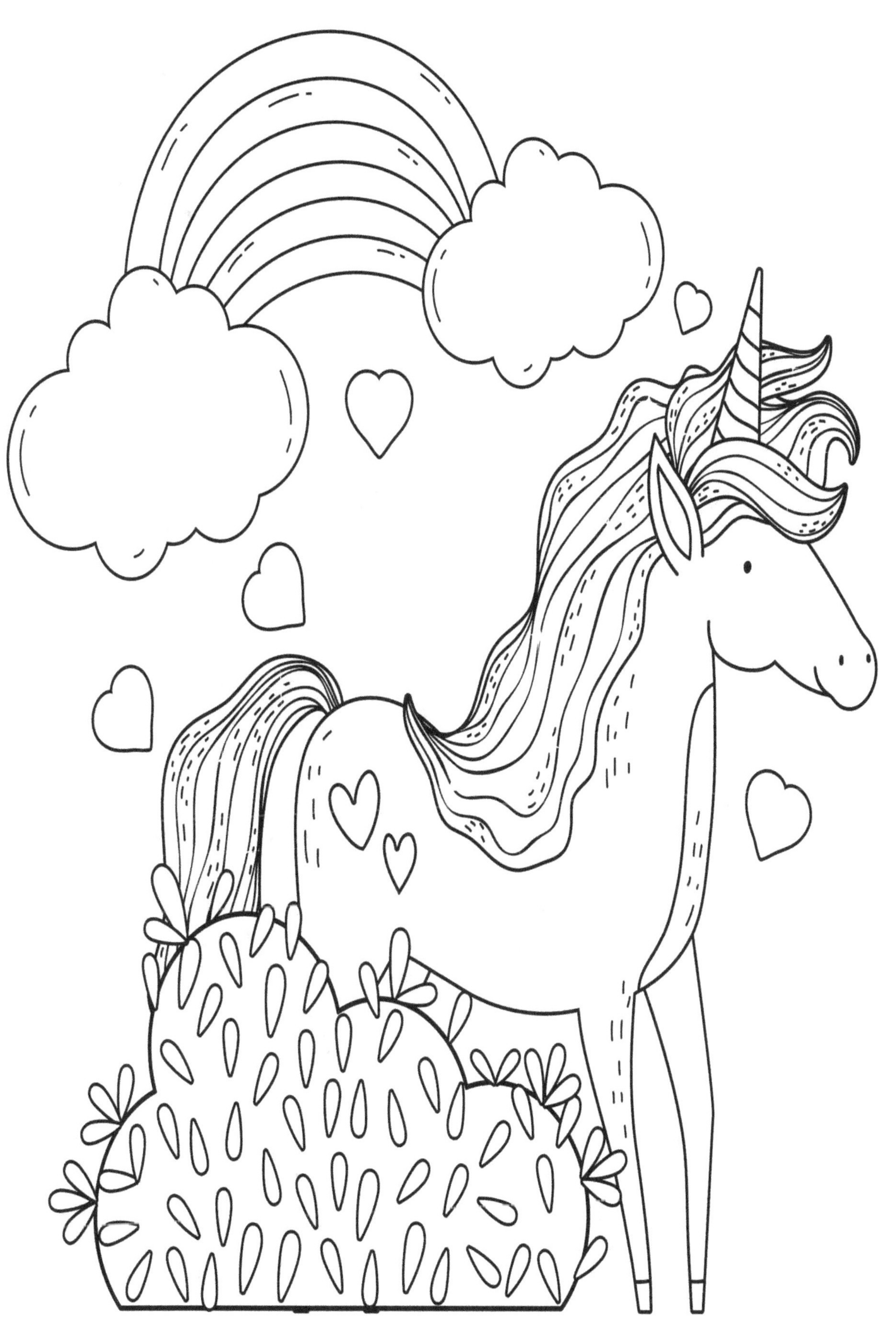

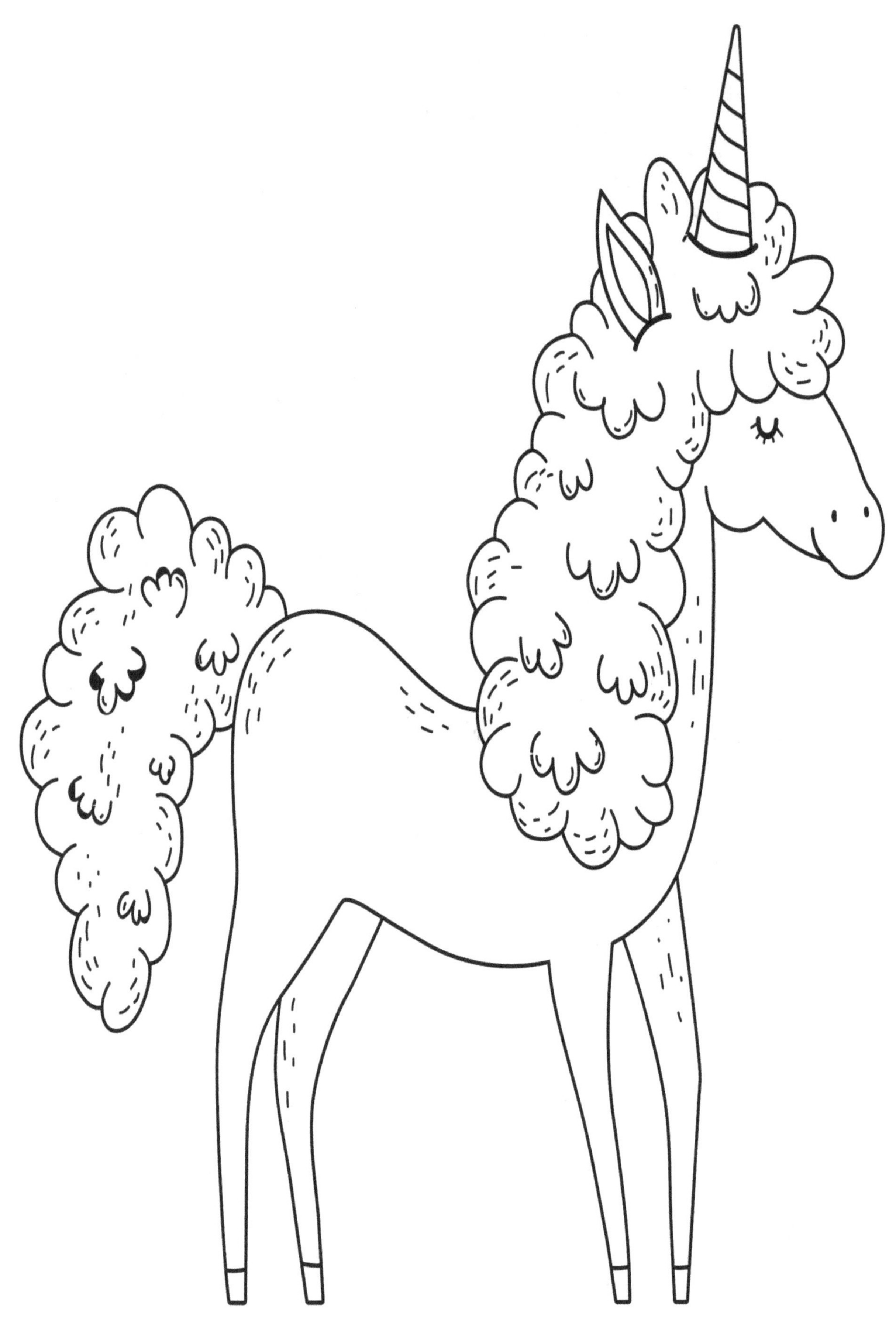

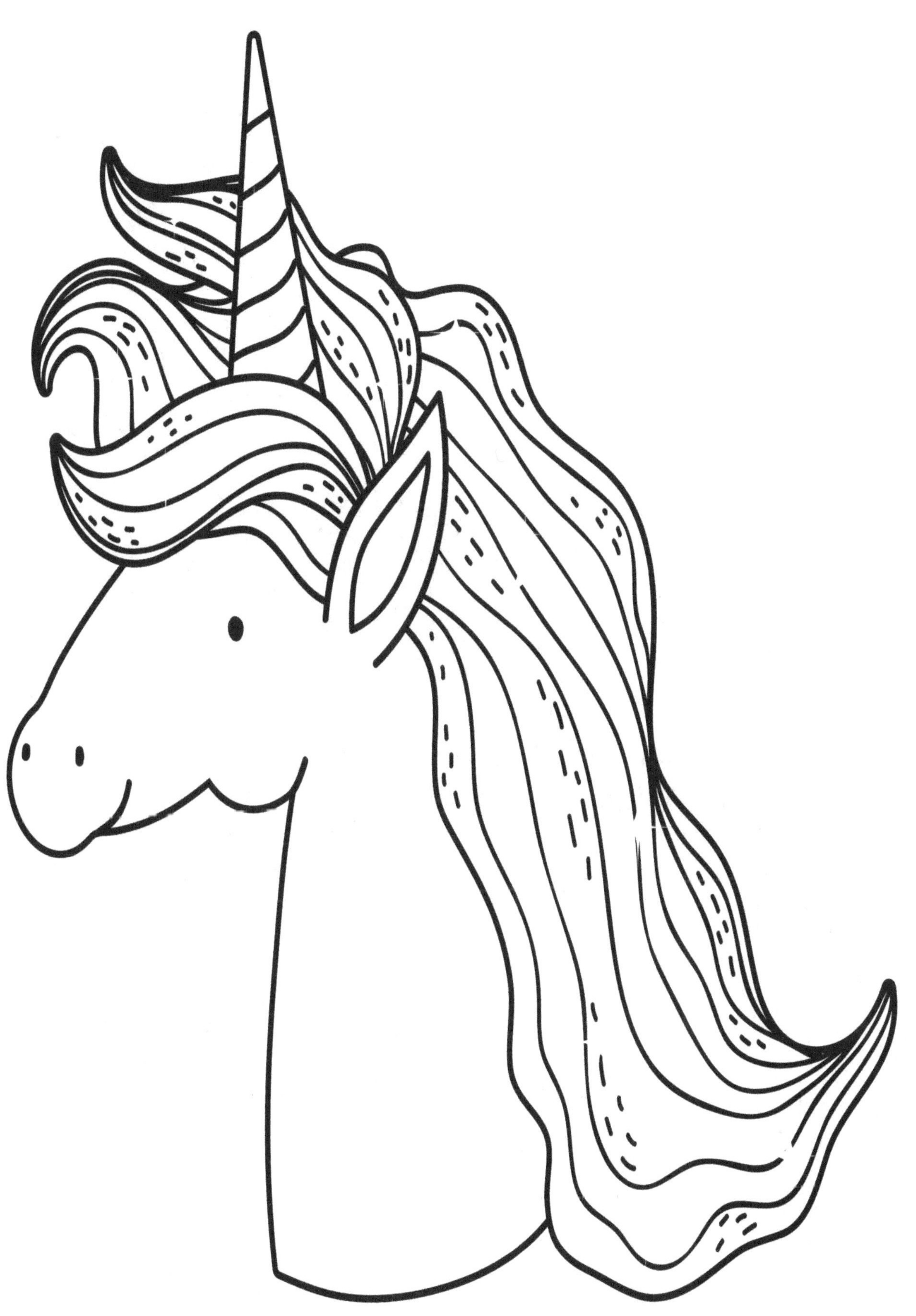

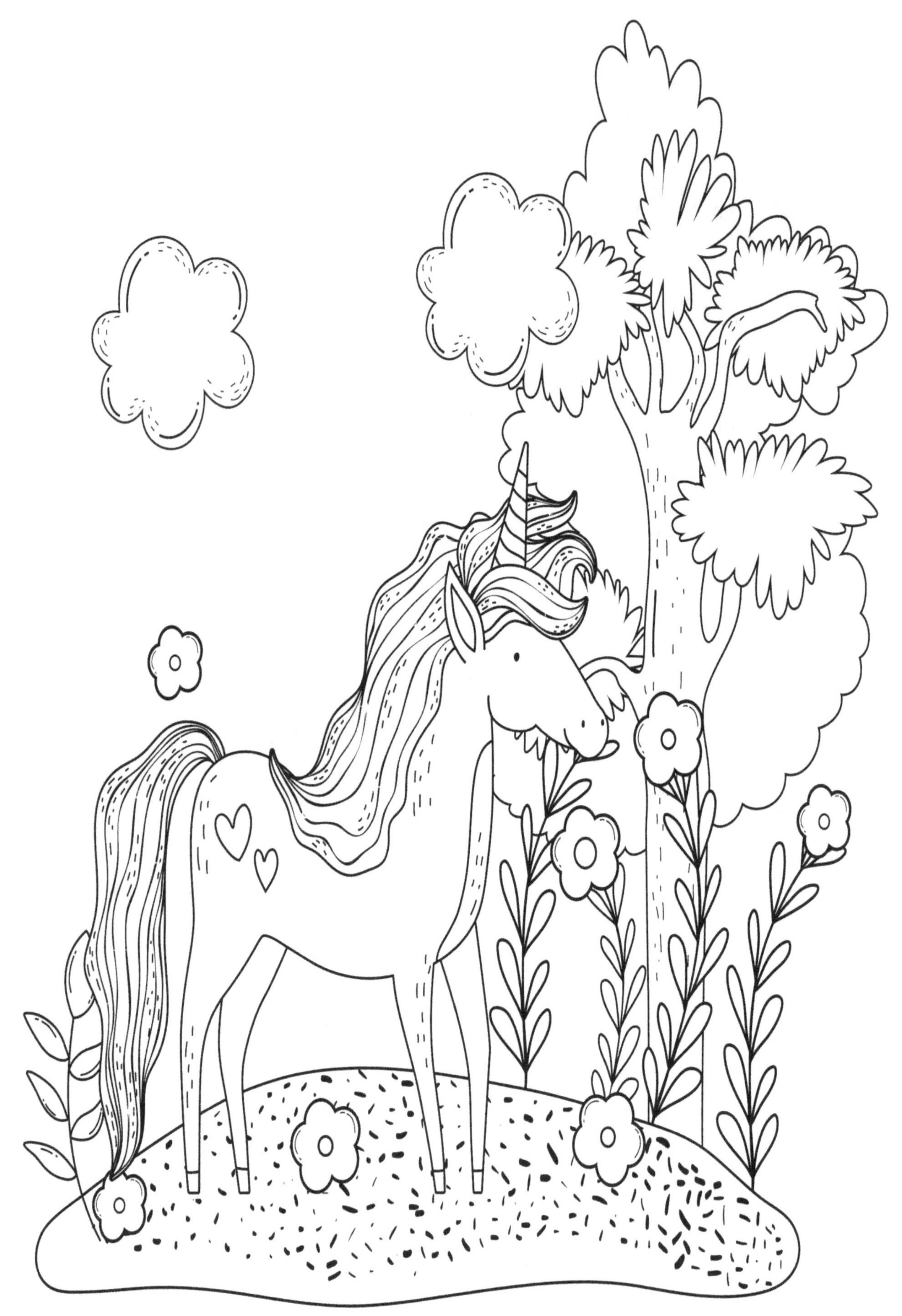

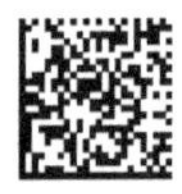